中国履行

《禁止化学武器公约》

报告

（2020）

国家履行《禁止化学武器公约》工作办公室／编

人民邮电出版社

北京

中国履行《禁止化学武器公约》报告
编委会

编辑撰稿（按姓氏笔画排序）

丁天佐　马　刚　马　勇　马力利　马宏伟　王　民　王　晶
王　雷　王晓玥　王海军　丹　江　方植彬　尹　玲　尹明皓
左　琪　龙　晗　卢　焱　田晓慧　冯彬传　朱　清　朱小庆
刘　伟　刘　昭　刘力强　刘元东　刘代联　刘国正　刘桂林
刘晓纯　刘基伟　刘敬东　刘景春　汤铭留　许永利　孙　鹊
孙卫红　孙凤霞　孙秀敏　孙雯婷　苏　凯　苏健梅　李　郁
李　茜　李　琴　李　蕾　李小军　李龙飞　李运灵　李忠进
杨浩祥　励　斌　时　钟　吴　凡　吴云波　何　斌　佘　准
余陈荣　邹钟嘉　宋召勤　宋晓明　张　星　张　萍　张　强
张　颖　陈　平　陈　亮　陈万明　陈忠明　陈学农　陈超群
武泽华　范雄斌　林建青　林慧蓉　罗　明　金　龙　金　楠
周　珊　周久建　周玉涛　周璐莎　郑　威　郑月峰　房增强
孟建华　赵亚茹　赵亦农　侯胜明　姜　勃　聂建军　夏必仙
夏存仁　殷卫华　高志雷　唐　旭　陶宏伟　黄　捷　黄秋鑫
黄琰童　咸东平　龚　武　盛明杰　梁孟佳　寇世平　董　伟
董　猛　韩中星　曾向军　谢秋云　樊小娟　戴兰林

目 录

综合篇

地方篇

企业篇

支撑篇

附　录

Contents

General Reports

Local Efforts

Enterprise Efforts

Support Efforts

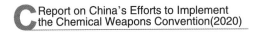

Appendixes

China 综合篇

中国履行《禁止化学武器公约》报告（2020）

一、政府对履约工作的组织领导

中国政府一贯支持《禁止化学武器公约》（以下简称《公约》）的目标和宗旨，高度重视履行《公约》工作，建立了完备的履约法规体系和多层次的履约工作机制。各部门、单位及各级履约主管部门坚持以习近平新时代中国特色社会主义思想为指导，深入贯彻落实总体国家安全观，严格履行《公约》义务。党中央、国务院对禁化武履约工作高度重视，在工业和信息化部设立国家履行《禁止化学武器公约》工作办公室（以下简称国家禁化武办），在 31 个省（自治区、直辖市）政府设立省级履约主管机构，分级负责组织协调全国和辖区履约工作。国务院批准建立了以工业和信息化部为总召集人单位，外交部、中央军事委员会国际军事合作办公室（以下简称中央军委军合办）为副总召集人单位，公安部等相关部门为成员单位的《禁止化学武器公约》履约工作部际联席会议制度，部署协调解决履约重大事项。

2020 年，相关领导高度重视履约工作，经常听取履约工作汇报，参与履约相关活动，给予工作指导，提出工作要求。4 月 23 日，工业和信息化部第 15 次部务会议审议通过《各类监控化学品名录》。经国务院批准，6 月 3 日，工业和信息化部时任部长苗圩签署工业和信息化部令第 52 号，公布了修订后的《各类监控化学品名录》，落实了《公约》第 24 次缔约国大会增列附表 1 化学品决定，在《公约》规定的时限内完成国内立法程序，体现了负责任大国担当。11 月 4 日，全国政协经济委员会副主任、工业和信息化部原副部长刘利华在全国禁化武履约研修班暨第 11 次国际视察演练开班动员中指出，各级履约主管部门要进一步提高政治意识，准确把握当前国内外形势，积极应对挑战，扎实做好禁化武履约各项工作。

工业和信息化部克服新冠肺炎疫情影响，切实履行主管部门职责，认真做好全国禁化武履约的组织协调工作，将禁化武履约工作纳入工业和信息化部年度工作要点，列入重点任务和目标责任制考核。国家禁化武办按照工业和信息化部工作要求，印发《2020年履行〈禁止化学武器公约〉工作要点》，扎实做好国家宣布、接受国际视察、进出口管制和防扩散、行政许可审批和监督检查、宣传培训、国际合作与交流、政策研究和队伍建设等重点工作，积极维护国家利益和负责任大国形象。外交部牵头做好《公约》履约涉外工作，组织常驻禁化武组织代表团参加禁止化学武器组织（以下简称禁化武组织）执行理事会（以下简称执理会）和《公约》缔约国大会，在《公约》履约、维护《公约》权威和有效性、化武热点等问题上阐明我国立场主张，引导禁化武组织议题讨论和规则制定进程；敦促日本政府加快日本遗弃在华化学武器（以下简称日遗化武）销毁进程；建设性参与叙利亚指称使用化武、纳瓦尔尼疑似中毒事件等问题讨论，反对禁化武组织政治化，反对政治操弄和打压异己；积极参与《公约》框架下的国际合作，体现了负责任的大国担当。中央军委军合办组织军队履约工作，并协助日本政府销毁日遗化武。公安部、财政部、生态环境部等履约工作部际联席会议成员单位各司其职，积极参与，形成合力，为履约工作提供了有力支持。地方各级政府及其履约主管部门靠前指挥、奋战一线、狠抓落实，做出了突出贡献。

二、向禁止化学武器组织提交国家宣布

根据《公约》第六条及有关条款，中国向禁化武组织提交监控化学品国家宣布。2020年3月，提交2019年监控化学品民用工业过去活动年度宣布、国家防备化学武器方案、第一类监控化学品合成实验室（以下简称10千克实验室）过去活动年度宣布；9月，提交2021年10千克实验室预计活动年度宣布；10月，提交2021年监控化学品民用工业预计活动年度宣布。2019年，监控化学品民用工业设施总数为1422个，约占全世界总数的27%。其中，第二类监控化学品宣布设施51个，第三类监控化学品宣布设施146个，第四类监控化学品宣布设施1225个。2019年过去活动年度宣布设施数量按地区分布如图1所示。2010—2019年过去活动年度宣布设施数量按类别分布如图2所示。2019年过去活动年度宣布设施数量按省份分布如图3所示。

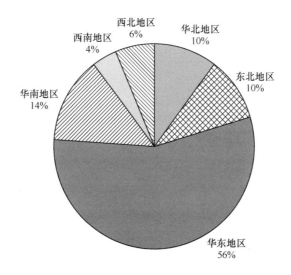

图1　2019年过去活动年度宣布设施数量按地区分布

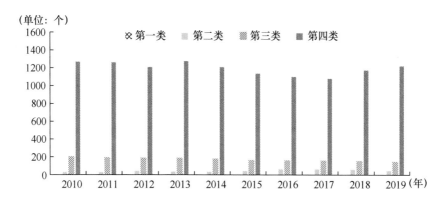

图2　2010—2019年过去活动年度宣布设施数量按类别分布

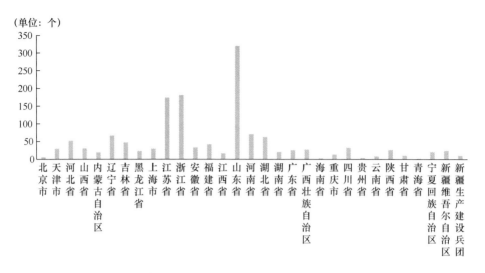

图 3　2019 年过去活动年度宣布设施数量按省份分布

　　根据《公约》有关遗弃化学武器的规定，中国应向禁化武组织提交日遗化武的宣布，主要包括新发现或销毁日遗化武的情况。2020 年 12 月，中国提交哈尔巴岭、哈尔滨、石家庄、南京 4 个日遗化武托管库和杭州、安庆、武汉、长沙、岳阳、当阳 6 个日遗化武临时托管库的更新宣布。

三、接受禁止化学武器组织现场视察

　　受新冠肺炎疫情影响，禁化武组织于 2020 年仅对中国进行了 1 次第三类监控化学品生产设施视察和 1 次第四类监控化学品生产设施视察。截至 2020 年 12 月底，中国累计接受禁化武组织各类现场视察 593 次。视察结果表明，中国严格履行了《公约》义务。2011—2020 年中国接受禁化武组织各类视察次数如图 4 所示。

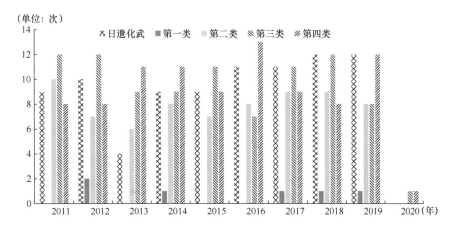

图 4 2011—2020 年中国接受禁化武组织各类视察次数

在禁化武组织现场视察过程中，中央政府相关部门、地方各级政府及其相关部门和被视察监控化学品企业给予了积极的工作配合和良好的后勤保障，确保视察顺利进行。

四、日本遗弃在华化学武器处理

根据《公约》有关条款规定，中国和日本两国政府先后于 1999 年 7 月和 2012 年 4 月签署了《中华人民共和国政府和日本国政府关于销毁中国境内日本遗弃化学武器的备忘录》和《中华人民共和国政府和日本国政府关于 2012 年 4 月 29 日后销毁中国境内日本遗弃化学武器的备忘录》。由于日本未能按照第 67 次执理会会议通过的决定完成 2016 年日遗化武销毁阶段性目标，2017 年，中国和日本商定了《2016 年以后日本遗弃在中国境内化学武器销毁计划》并经第 84 次执理会审议通过。日本将在 2022 年内完成包括哈尔巴岭埋藏日遗化武、2016 年 12 月 31 日前发现的日遗化武销毁工作。中国继续敦促日本遵守执理会的相关决定，按照中国和日本商定的销毁计划尽早完成日遗化武销毁工作。

2020年，受新冠肺炎疫情影响，日本未派团来华实施日遗化武作业。为达销毁目的，中国根据日本委托，在哈尔滨销毁场分类整理污染物453件；将石家庄日遗化武托管库保管的2474件污染物运输至哈尔滨、哈尔巴岭；将杭州、南京、安庆、长沙、岳阳、当阳6地309枚（件）日遗化武（含疑似）和47件污染物运输至武汉。根据各地报告新发现日遗化武情况，中国组织实施了黑龙江省牡丹江市、吉林省敦化市、湖南省衡阳市和岳阳市、广东省广州市日遗化武内部调查作业，共确认并回收日遗化武30枚（件）。

2020年9月，中国、日本和禁化武组织第32轮日遗化武三方磋商在线举行。三方讨论了日遗化武托管库情况、日遗化武销毁设施基建情况及重启视察等问题。

2020年12月，中国、日本和禁化武组织第33轮日遗化武三方磋商在线举行。三方讨论了日遗化武销毁计划、2021年视察计划等问题。

五、监控化学品进出口管制与防扩散

中国严格执行《公约》关于附表化学品转让规定，对监控化学品进出口采用国际通行的许可证管理、清单控制、最终用途证明等制度和标准，实行指定公司经营制度和生产源头管控措施，坚持严格管理，防范扩散风险。中国与其他缔约国合作，及时核实澄清《公约》附表化学品进出口数据有关问题。

中国严格按照《中华人民共和国监控化学品管理条例》（以下简称《条例》）《〈中华人民共和国监控化学品管理条例〉实施细则》（以下简称《细则》），开展监控化学品进出口审批工作，2020年共批准进出口申请718项。

各级履约主管部门加强源头管控，持续开展对监控化学品生产经营企业的进出口管制和防扩散教育，引导企业建立自律机制。2020年，国家禁化武办围绕低浓度阈值设定问题进行了重点调研，会同商务部、海关总署联合解决 1-丙基膦酸环酐海关商品编码问题，为新增列的第一类监控化学品分配海关商品编码。

六、监控化学品监督管理

各级履约主管部门坚持依法行政，依据《条例》《细则》等相关法律法规，严格实施监控化学品生产设施建设审批制度。2020 年，审查批准建设监控化学品生产设施 86 项。其中，第二类监控化学品生产设施 10 项，第三类监控化学品生产设施 14 项，含磷、硫、氟的第四类监控化学品生产设施 62 项。为确保企业履行《公约》义务，中国实行监控化学品生产特别许可制度，严格执行监控化学品生产特别许可证考核标准，审核颁发监控化学品生产特别许可证 122 个。其中，新颁发许可证 48 个，延续换证 74 个。

进一步落实国务院"放管服"改革要求，开展履约和监管政策及问题研究，更新行政许可事项清单，启动监控化学品行政许可表格样式修订工作，积极推进网上行政许可审批，减轻企业和基层负担。

全面贯彻落实《国务院办公厅关于推广随机抽查规范事中事后监管的通知》（国办发〔2015〕58 号）和《国务院办公厅关于印发推行行政执法公示制度执法全过程记录制度重大执法决定法制审核制度试点工作方案的通知》（国办发〔2017〕14 号）的要求，认真压实主管部门监管责任和企业主体责任，国家禁化武办印发《关于开展 2020 年第三类和第四类监控化学品"双随机、一公开"抽查工作的通知》（禁化武办发〔2020〕62 号），继续开展监控化学品"双随机、一公开"抽查和专项检查，随机抽取检查对象及相应的执法检查人员，2020 年共组织抽查了 6 个省的 8 家监控化学品企业，各地结合本地实际情况对辖区内企业进行检查，并及时公示检查结果，明确整改时限，有效推动了企业改进禁化武履约工作。

七、履约宣传

根据新冠肺炎疫情防控工作要求和各地实际情况，国家禁化武办精心安排，统筹组织全国各级履约主管部门因地制宜开展宣传活动，进一步增强了社会公众的履约意识及对禁化武履约工作的理解和支持。

国家禁化武办组织编撰了《中国履行〈禁止化学武器公约〉报告（2019）》，编印 14 期《履行〈禁止化学武器公约〉工作简报》，为社会公众搭建了解禁化武履约工作的便捷途径。以"4·29 国际禁止化学武器组织日"为集中宣传节点，围绕《公约》宗旨目标，以"携手共建一个无化武的世界"和"化学领域成就完全用于造福人类"为主题开展宣传活动。国家禁化武办多措并举，推动宣传活动下沉，全国各级履约主管部门积极响应，以线上线下宣传相结合的方式，扩大宣传范围，取得了良好的效果。

八、履约培训

国家禁化武办继续加强对禁化武履约工作人员的业务培训和岗位培训。按照新冠肺炎疫情防控要求，经过妥善布置，成功组织举办了全国禁化武履约综合培训班，开展了国际视察演练。各地禁化武办积极开展监控化学品数据宣布和接受视察等履约业务培训。

2020 年 8 月 26 日～28 日，国家禁化武办在北京举办全国禁化武履约综合培训班，31 个省（自治区、直辖市）禁化武履约主管部门近 50 名学员参加了培训。培训班通报了 2019 年一年工作总结和下一步工作重点、禁化武组织动态和国际履约形势、国家履行《禁止化学武器公约》专家委员会等情况，重点培训了行政许可、接受视察、年度宣布等内容，并结合"放管服"改革要求，就依法行政提升许可工作规范化水平等问题展开交流讨论。

2020 年 11 月 4 日～5 日，国家禁化武办在江苏太仓中化环保化工有限公司举办了全国禁化武履约研修班暨第 11 次国际视察演练，全国政协经济委员会副主任、工业和信息化部原副部长刘利华到会作开班动员讲话。31 个省（自治区、直辖市）工业和信息化主管部门相关负责同志共 40 人参加。部内相关司局负责同志到会指导。

北京市、天津市、河北省、山西省、辽宁省、吉林省、上海市、江苏省、浙江省、安徽省、江西省、山东省、河南省、湖北省、湖南省、广东省、广西壮族自治区、重庆市、四川省、贵州省、云南省、陕西省、青海省、宁夏回族自治区、新疆生产建设兵团分别组织了地市履约主管部门和企业履约培训班、国际视察演练等活动。

九、《禁止化学武器公约》在港澳台的适用

中央政府高度重视《公约》在香港特别行政区、澳门特别行政区和台湾地区的适用问题。

中央政府遵循"一国两制"原则和《中华人民共和国香港特别行政区基本法》，在与香港特别行政区政府充分协商后，确定了《公约》在香港特别行政区适用的模式。香港特别行政区于 2003 年通过《化学武器（公约）条例》，于 2004 年起开始实施。《化学武器（公约）条例》赋予香港特别行政区海关全面的执法权力，违反《化学武器（公约）条例》规定属于刑事犯罪，最高刑罚为终身监禁。香港特别行政区政府对履约相关化学品实行完备的许可证和呈报制度。2020 年 3 月，香港特别行政区

通过中央政府，向禁化武组织提交了 2019 年过去活动年度宣布。按《公约》规定，香港特别行政区目前没有应向禁化武组织宣布的化学品设施，只有少量涉及《公约》附表化学品的进口贸易活动，主要用于本地科研或工业。

中央政府与澳门特别行政区政府就《公约》在澳门特别行政区适用问题已举行数轮磋商，澳门特别行政区履约立法等筹备工作正在有序进行。

台湾是中国领土不可分割的一部分，必须在一个中国的前提下履行《公约》义务。中国政府一直积极、务实地寻求妥善解决《公约》在台湾地区适用问题的途径。

十、国际合作

中国政府高度重视履约国际合作，积极参与国际履约重要会议和重要事务，务实推进多双边交流，积极呼应广大发展中国家要求加强《公约》国际合作领域的合理主张，努力促进《公约》国际合作与援助条款的实施，为履行《公约》、维护世界和平发挥了重要作用。

中国政府全面深入参与禁化武国际事务，坚决维护国家利益和国际公平正义。2020 年，中国政府组团参加禁化武组织历次执理会和第 25 次缔约国大会等重要国际会议。国家禁化武办派员在线参加禁化武组织历次工业磋商、第 7 次化工界和国家履约机构会议，以及第 22 届国家履约主管部门会议。

中国军事科学院军事医学研究院毒物分析实验室、防化研究院化学分析实验室参加禁化武组织第 48 次环境样品水平测试、第 5 次生物医学样品水平测试和第 5 次生物毒素样品分析演练，均取得优异成绩。中国军事科学院军事医学研究院毒物分析实验室还承担了禁化武组织第 48 次环境样品水平测试结果评估任务。

I. Governmental Organisation and Guidance of Implementation

The Chinese Government has consistently supported the goals and objectives of the *Chemical Weapons Convention* (hereinafter referred to as the *Convention*), attached great importance to its implementation, and established a complete regulatory system for implementation and a multi-level implementation mechanism. All departments and units and implementation competent authorities at all levels adhere to the guidance of Xi Jinping Thought on Socialism with Chinese Characteristics for a New Era, thoroughly implement the holistic approach to national security, and strictly fulfill the obligations of the *Convention*. The Party Central Committee and the State Council attach essential importance to the implementation of the *Convention*, as they established The National Chemical Weapons Convention Implementation Office (hereinafter referred to as the National CWC Implementation Office) in the Ministry of Industry and Information Technology, provincial competent implementation institutions in all provinces (including autonomous regions and municipalities), for the organisation and coordination of the national and regional implementation of the *Convention* at different levels. The State Council has approved the establishment of an inter-ministerial joint meeting system for the implementation of the *Chemical Weapons Convention*, with the Ministry of Industry and Information Technology as the general convener unit, the Ministry of Foreign Affairs and Office for International Military Cooperation of Central

Military Commission (hereinafter referred to as OIMCCMC) as the deputy general convener unit, and the Ministry of Public Security and other relevant departments as member units, to deploy and coordinate major implementation matters.

In 2020, relevant leaders attached great importance to the implementation of the *Convention*, often heard reports on the implementation of the *Convention*, and participated in activities related to the implementation of the *Convention*, as well as gave work guidance and put forward work requirements. On 23 April, the 15th executive meeting of the Ministry of Industry and Information Technology reviewed and approved the *List of Schedules of Controlled Chemicals*. With the approval of the State Council, on 3 June, the then Minister of Industry and Information Technology, Miao Wei, signed the Order No. 52 of the Ministry of Industry and Information Technology to publish the revised *List of Schedules of Controlled Chemicals*, implementing the decision of the 24th Conference of the State Parties on adding chemicals to be listed in Appendix I, and completing domestic legislative procedures within the time limit prescribed in the *Convention*, which reflected the responsibility of a major responsible country. On 4 November, Liu Lihua, Deputy Director of the Economic Committee of the National Committee of the Chinese People's Political Consultative Conference and former Deputy Minister of the Ministry of Industry and Information Technology, pointed out in the mobilization before the national seminar on CWC implementation and the 11th international inspection drill that, implementation competent authorities at all levels should further improve political awareness, accurately grasp the current domestic and international situation, actively respond to challenges, and do a solid job in the implementation of the *Convention*.

While overcoming the impact of the COVID-19, the Ministry of Industry and Information Technology effectively fulfilled its responsibilities as the competent authority, earnestly did a good job in organising and coordinating the national implementation of the *Convention*, incorporating the implementation of the *Convention* into its annual key tasks and the accountability assessment of key tasks and objectives. In accordance with the work requirements of the Ministry of Industry and Information Technology, the National CWC Implementation Office issued the *Key Points of Work for Implementing the Chemical Weapons Convention in 2020*, and did a solid job in terms of national declarations, received international inspections, import and export control and non-proliferation, administrative licensing approval and supervision and inspection, outreach and training, international cooperation and exchanges, policy research and team building and other key tasks, actively safeguarding national interests and the image of a major responsible country. The Ministry of Foreign Affairs took lead in the foreign-related work on the implementation of the *Convention*, as it organised permanent delegations to the OPCW to participate in the Executive Council of the Organisation for the Prohibition of Chemical Weapons (hereinafter referred to as the OPCW) and the Conference of the State Parties to the *Convention*, clarified China's position on issues such as the implementation of the *Convention*, the maintenance of the authority and effectiveness of the *Convention*, and hotspots of chemical weapons, and guided the discussions on OPCW issues and the rule-making process. It also urged the Japanese government to speed up the destruction process of the JACWs; constructively participated in the discussions on the alleged use of chemical weapons in Syria and the suspected poisoning incident of Navalny, opposed the politicization of the OPCW, political

manipulation and suppression of dissidents; and actively joined international cooperation under the framework of the *Convention*, reflecting the role of a major responsible country. The OIMCCMC organised the army's implementation of the *Convention*, and assisted the Japanese government in destroying JACWs. The Ministry of Public Security, the Ministry of Finance, the Ministry of Ecology and the Environment and other member units of the inter-ministerial joint meeting on implementation took up their respective roles, actively participated and formed a synergy to provide strong support for the implementation of the *Convention*. By leading at the front, working at the frontline and paying close attention to implementation, local governments at all levels and their implementation competent authorities made outstanding contributions.

II. Submission of the National Declarations to Organisation for the Prohibition of Chemical Weapons

In accordance with Article VI and the relevant provisions of the *Convention*, China submitted its national declaration on Controlled Chemicals to the OPCW. In March 2020, China submitted the Annual Declarations on Past Activities of Controlled Chemicals in the Civil Industry in 2019, National Protective Programme, and the Annual Declarations on Past Activities of the Synthesis Laboratory of Schedule I controlled chemicals (hereinafter referred to as 10kg Laboratory); in September, China submitted the 2021 Annual Declaration of Estimated Activities for the 10kg Laboratory; in October, China submitted the 2021 Annual Declaration of Estimated Activities of controlled chemicals for the Civil Industry. In 2019, there were in total 1,422 civil industry facilities for controlled chemicals, accounting for 27% of the world's total. Among them, there were 51 declared facilities for Schedule II controlled chemicals, 146 declared facilities for Schedule III controlled chemicals and 1,225 declared facilities for other chemical production facilities. The Distribution of Declared Facilities by Region in Past Activities in 2019 is shown in Fig. 1. The Distribution of Declared Facilities by Schedule in Past Activities from 2010 to 2019 is shown in Fig. 2. The Distribution of Declared Facilities by Province in Past Activities in 2019 is shown in Fig. 3.

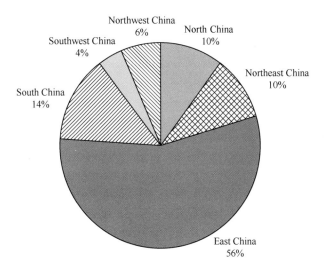

Fig. 1 The Distribution of Declared Facilities by Region in Past Activities in 2019

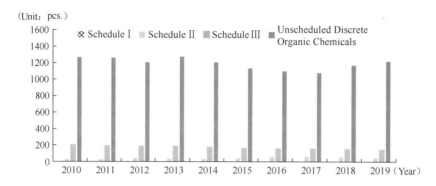

Fig. 2 The Distribution of Declared Facilities by Schedule in Past
Activities from 2010 to 2019

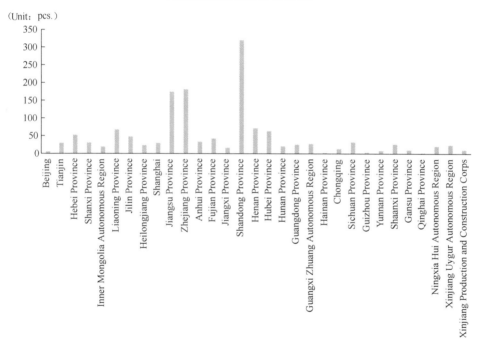

Fig. 3 The Distribution of Declared Facilities by Province in Past Activities in 2019

In accordance with the provisions of the *Convention* on abandoned chemical weapons, China submitted to the OPCW the Declaration of JACWs, mainly including the discovery or destruction of JACWs. In December 2020, China submitted the updated declarations of 4 trust warehouses of the JACWs in Haerbaling, Harbin, Shijiazhuang, and Nanjing, and 6 temporary trust warehouses of the JACWs in Hangzhou, Anqing, Wuhan, Changsha, Yueyang, and Danyang.

III. Receive On–site Inspection by Organisation for the Prohibition of Chemical Weapons

Affected by the COVID-19, in 2020 the OPCW conducted only one inspection of the production facilities of Schedule III controlled chemicals, and one inspection of the other chemical production facilities. As of the end of December 2020, China had accepted 593 various on-site inspections by the OPCW. The inspection results showed that China has strictly fulfilled its obligations under the *Convention*. Number of Inspections by the OPCW Received by China from 2011 to 2020 is shown in Fig. 4.

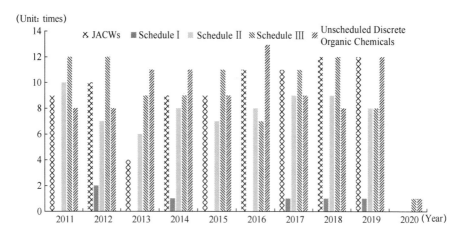

Fig. 4 Number of Inspections by the OPCW Received by China from 2011 to 2020

During the on-site inspections by the OPCW, the relevant departments of the central government, local governments at all levels and inspected enterprises for controlled chemicals provided active cooperation and good logistical support to ensure the smooth process of the inspections.

IV. Disposal of Chemical Weapons Abandoned by Japan in China

In accordance with the relevant provisions of the *Convention*, the governments of China and Japan signed the *Memorandum of Understanding between the Government of the People's Republic of China and the Government of Japan on the Destruction of the Chemical Weapons Abandoned by Japan in China* and the *Memorandum of Understanding between the Government of the People's Republic of China and the Government of Japan on the Destruction of the Chemical Weapons Abandoned by Japan in China after 29 April, 2012*, in July 1999 and April 2012 respectively. As Japan failed to meet the phased target of JACWs destruction by 2016 in accordance with the decision adopted at the 67th Session of the Executive Council, China and Japan agreed in 2017 on the *Plan for the Destruction of Chemical Weapons Abandoned by Japan in China after 2016*, which was deliberated and passed at the 84th Session of the Executive Council. Japan will complete the destruction of JACWs buried in Haerbaling and JACWs discovered before 31 December, 2016, by 2022. China will continue to urge Japan to abide by the relevant decisions of the Executive Council and complete the destruction of JACWs as soon as possible in accordance with the *Plan for the Destruction* agreed upon by both parties.

In 2020, affected by the COVID-19, the Japanese government didn't dispatch its delegation to China to destruct the JACWs. For the purpose of destruction, commissioned by the Japanese government, the Chinese government classified and organised 453 pieces of pollutants in the Harbin destruction field; transported 2474 pieces of pollutants kept by the Shijiazhuang trust warehouse to Harbin and Haerbaling; and transported 309 pieces (items) of JACWs (including suspected items) and 47 pieces of pollutants from 6 cities of Hangzhou, Nanjing, Anqing, Changsha, Yueyang and Dangyang to Wuhan. According to the newly discovered JACWs reported by various localities, the Chinese government organised and implemented internal investigations of the JACWs in the Mudanjiang City of Heilongjiang Province, Dunhua City of Jinlin Province, Hengyang and Yueyang Cities of Hunan Province and Guangzhou City of Guangdong Province, confirming and recovering 30 pieces (items) of JACWs.

In September 2020, the 32nd round of JACWs Trilateral Consultation among China, Japan and the OPCW was held online. The three parties discussed issues including the situation of trust warehouses of the JACWs, the construction of facilities for JACWs destruction and inspection restart.

In December 2020, the 33rd round of JACWs Trilateral Consultation among China, Japan and the OPCW was held online. The three parties discussed issues including the destruction plan of JACWs and the inspection plan for 2021.

V. Import and Export Control and Non−proliferation of Controlled Chemicals

China has strictly implemented the provisions of the *Convention* on the transfer of scheduled chemicals, adopted internationally accepted systems and standards such as license management, inventory control and end-use certification for the import and export of controlled chemicals, implemented the designated company operation system and production source control measures, rigorously adhering to the principle of strict management and preventing the proliferation risk. China has also cooperated with other state parties to verify and clarify issues related to the import and export data of scheduled chemicals of the *Convention* in a timely manner.

In strict accordance with the *Regulations of the People's Republic of China on the Administration of Controlled Chemicals* (hereinafter referred to as the *Regulations*) and the *Rules for Implementation for the Regulations of the People's Republic of China on the Administration of Controlled Chemicals* (hereinafter referred to as the *Rules*), the import and export approval of controlled chemicals was carried out, and 718 import and export applications were approved in 2020.

The implementation competent authorities at all levels strengthened source control and continuously carried out import and export control and non-proliferation education for enterprises producing and operating controlled chemicals, guiding the enterprises to establish a self-discipline mechanism. The National CWC Implementation Office conducted a key investigation on the setting of low concentration threshold in 2020, and jointly solved the problem of HS code of 1-propylphosphonic anhydride with the Ministry of Commerce and the General Administration of Customs, and assigned HS codes to newly listed Schedule I controlled chemicals.

VI. Supervision and Management of Controlled Chemicals

All implementation competent authorities at all levels adhered to the administration by the law, and strictly implemented the approval system for the construction of production facilities of controlled chemicals in accordance with the *Regulations*, the *Rules* and other laws and regulations. In 2020, 86 production facilities of controlled chemicals were examined and approved. Among them, there were 10 production facilities of Schedule II controlled chemicals, 14 production facilities of Schedule III controlled chemicals and 62 other chemical production facilities, containing phosphorus, sulfur and fluorine. To ensure that enterprises fulfill their obligations under the *Convention*, China has implemented a special license system for the production of chemicals subject to supervision and control, strictly carrying out the assessment standards for special licenses for the production of controlled chemicals, and issuing 122 special licenses for the production of controlled chemicals after review. Among them, 48 licenses were newly issued and 74 licenses were renewed.

Great efforts were made to further implement the reform requirements of "streamlining the government, delegate power, and improve government services" by the State Council, carry out research on implementation and regulatory policies and problems, update the list of administrative licensing items, start the revision of administrative license form format for controlled chemicals , actively promote online administrative licensing approval, and reduce the burden on enterprises and grassroots.

Great efforts were made to fully implement the requirements of the *Notice of the General Office of the State Council on Rolling out the Random Inspection Regulating the Interim and Post-Event Supervision* (No. 58 [2015] of the General Office of the State Council) and the *Notice of the General Office of the State Council on Issuing the Work Plan for the Pilot Program of Promoting the Administrative Law Enforcement Publication System, the Whole-Process Law Enforcement Recording System and the Major Law Enforcement Decision Legal Review System* (No. 14 [2017] of the General Office of the State Council), seriously implement the supervision responsibility of the competent departments and the main responsibility of enterprises. The National CWC Implementation Office issued the *Notice on Carrying out the Random Selection of Subjects and Inspectors and Public Disclosure of spot check for Schedule III and Unscheduled Discrete Organic Chemicals in 2020* (No.62 [2020] of the National CWC Implementation Office), continuing to carry out random selection of subjects and inspectors and public disclosure of spot checks and special inspections of controlled chemicals, randomly selecting inspection subjects and relevant law enforcement inspectors, and it organised spot checks on 8 enterprises of controlled chemicals in 6 provinces throughout the year. All localities inspected enterprises within their jurisdictions in combination with its local conditions, publicized inspection results in time, clarified the time limit for rectification, effectively promoting enterprises to improve the implementation of the *Convention*.

VII. Outreach of the Implementation of the *Convention*

According to the requirements of the COVID-19 prevention and control and the local realities, the National CWC Implementation Office carefully arranged and organised the implementation competent authorities at all levels in China to carry out outreach activities according to local conditions, further enhancing the public awareness of implementation and people's understanding and support for the work related to implementation of the *Convention*.

The National CWC Implementation Office organised the compilation of the *Report on China's Implementation of the Chemical Weapons Convention (2019)*, and compiled and printed 14 issues of the *Briefing on the Implementation of the Chemical Weapons Convention*, which provided a convenient way for the public to have access to the information on the implementation of the *Convention*. By taking International Day for the Foundation of the Organisation for the Prohibition of Chemical Weapons(OPCW Day) as the centralized outreach point, focusing on the purposes and goals of the *Convention*, the outreach activities were carried out with the theme of "Jointly building a world without chemical weapons" and "achievements in the chemical field entirely dedicating to mankind". The National CWC Implementation Office applied multiple measures to promote outreach activities into the society, and the implementation competent authorities at all levels in China responded actively, expanding the scope of outreach by combining online and offline, achieving good results.

VIII. Training on the Implementation of the *Convention*

The National CWC Implementation Office continued to strengthen operational and job training for staff implementing the *Convention*. In accordance with the requirements of COVID-19 prevention and control, the comprehensive training courses of national implementation of the *Convention* were delivered successfully and the international inspection drill was well conducted under proper arrangement. The CWC implementation offices in various localities actively promoted implementation operation training such as data declaration and receive inspection of controlled chemicals.

From 26 to 28 August, 2020, the National CWC Implementation Office held the comprehensive training courses of national implementation of the *Convention* in Beijing with nearly 50 trainees from implementation competent authorities at all levels in each province, autonomous region and municipality attending. During the training courses, the summary of the work of last year and the priorities of the next step, the dynamics of the OPCW and the international implementation situation, and the National Committee of Experts on the Implementation of the *Chemical Weapons Convention* were reported, training of administrative licensing, receive inspection, annual declaration and other items were stressed. In addition, combining with the requirements of "streamlining the government, delegating power, and improving government services", exchanges and discussions were carried out over issues such as improving the standardization level of licensing work by administration by the law.

From 4 to 5 November, 2020, National CWC Implementation Office held a National Seminar on implementation of the *Convention* and the 11th international inspection drill in Jiangsu Taicang Sinochem Environmental Protection Chemical Co., Ltd. Liu Lihua, the deputy director of the Economic Committee of the National Committee of the Chinese People's Political Consultative Conference and the former deputy minister of the Ministry of Industry and Information Technology, attended the event to give mobilization speech. 40 relevant responsible people from the competent departments of industry and information technology of all provinces (autonomous regions and municipalities) attended. Responsible people of relevant authorities and departments of the Ministry of Industry and Information Technology attended the meeting for giving guidance.

Beijing, Tianjin, Hebei Province, Shanxi Province, Liaoning Province, Jilin Province, Shanghai, Jiangsu Province, Zhejiang Province, Anhui Province, Jiangxi Province, Shandong Province, Henan Province, Hubei Province, Hunan Province, Guangdong Province, Guangxi Zhuang Autonomous Region, Chongqing City, Sichuan Province, Guizhou Province, Yunnan Province, Shaanxi Province, Qinghai Province, Ningxia Hui Autonomous Region and Xinjiang Production and Xinjiang Construction Corps respectively organised training courses of the implementation of the *Convention* for local competent departments and enterprises as well as international inspection drills.

IX. Application of the *Chemical Weapons Convention* in Hong Kong, Macao and Taiwan

The Chinese Government attaches great importance to the application of the *Convention* in the Hong Kong Special Administrative Region, Macao Special Administrative Region and Taiwan Region.

In accordance with the principle of "one country, two systems" and the *Basic Law of the Hong Kong Special Administrative Region of the People's Republic of China*, the Central Government determined the mode of application of the *Convention* in the Hong Kong Special Administrative Region after full consultation with the Government of the Hong Kong Special Administrative Region. The Hong Kong Special Administrative Region passed the *Chemical Weapons (Convention) Ordinance* in 2003, and began to implement it in 2004. The *Chemical Weapons (Convention) Ordinance* empowers the Customs and Excise Department of the Hong Kong Special Administrative Region to fully enforce the law. Violation of the provisions of the *Chemical Weapons (Convention) Ordinance* is a criminal offence, and the maximum penalty is life imprisonment. The Government of the Hong Kong Special Administrative Region implementes a complete licensing and reporting system for chemicals related to implementation. In March 2020, the Hong Kong Special Administrative Region submitted its annual declaration on past activities in 2019 to the OPCW through the Central Government. According to the provisions of the *Convention*, the Hong Kong Special Administrative Region currently does not have chemical facilities that should be declared to the OPCW, and there are only a few import trade activities involving scheduled chemicals of the *Convention*, which are mainly used for local scientific research or industry.

The Central Government and the Government of the Macao Special Administrative Region have held several rounds of consultation on the application of the *Convention* in the Macao Special Administrative Region. Such preparatory work as legislation for the implementation of the *Convention* in the Macao Special Administrative Region is being carried out in an orderly manner.

Taiwan is an inseparable part of Chinese territory and it must fulfill its obligations under the *Convention* on the premise of the one-China principle. The Chinese Government has been actively and pragmatically seeking ways to properly resolve the issue of the application of the *Convention* in the Taiwan Region.

X. International Cooperation

The Chinese government has attached great importance to international cooperation of implementation, actively engaged in major international meetings and affairs of international implementation, pragmatically promoted multi-bilateral exchanges, actively responded to the reasonable demands of developing countries to strengthen the scope of international cooperation of the *Convention*, and promoted the implementation of the international cooperation and assistance provisions of the *Convention*, with great efforts, thus playing an important role in implementing the *Convention* and safeguarding world peace.

China has been deeply and comprehensively involved in the international affairs concerning the prohibition of chemical weapons, and firmly upheld its national interests and international fairness and justice. In

2020, the Chinese government organised a delegation to participate in major international conferences, such as various executive councils of the OPCW and the 25th Conference of the state parties. The National CWC Implementation Office dispatched experts to participate in various the OPCW industry consultations, the 7th meeting of chemical industry and national implementation agencies as well as the 22nd meeting of national implementation competent authorities.

The Toxicological Analysis Laboratory of Military Medical Research Institute of China Academy of Military Sciences and the Chemical Analysis Laboratory of Institute of Chemical Defense participated in the 48th environmental sample proficiency test, the 5th biomedical sample proficiency test and the 5th exercise for the analysis of biologically derived toxins launched by the OPCW, achieving excellent results in all three activities. The Laboratory of the China Academy of Military Medical Sciences also undertook the evaluation task of the 48th proficiency testing result of environmental samples launched by the OPCW.

China

地方篇

中国履行《禁止化学武器公约》报告（2020）

北京市

组织协调

2020 年，北京市禁化武办按照国家禁化武办的部署要求，围绕履行《公约》义务和监控化学品管理开展了一系列工作：一是不断加强与有关部门的沟通协调，落实履约责任，做好宣布、接受国际视察等日常履约工作；二是进一步加强监控化学品生产、经营、使用行政许可和日常监管工作，夯实履约基础；三是继续做好履约宣传和培训工作，为履约创造良好环境。

数据宣布与接受视察

2020 年，在我国向禁化武组织提交的 2019 年过去活动年度宣布中，北京市有宣布设施 5 个。

2020 年，禁化武组织没有对北京市进行国际视察。

监督管理

2020 年，北京市禁化武办共完成了 2 家企业、19 个批次、2 种监控化学品进口审批初审工作。

宣传

北京市禁化武办认真落实国家禁化武办《关于做好 2020 年禁化武履约宣传作品征集活动组织工作的通知》精神，组织企业及社会公众积极参与征集活动，充分利用北京市经济和信息化局门户网站、内部办公网站、微信等渠道，大力宣传，达到预期效果。

培训

2020 年 8 月 26 日～28 日，北京市禁化武办派专人参加了国家禁化武办在北京市举办的全国禁化武履约综合培训班。组织召开了禁化武数据宣布培训会，指导企业进行数据填报。

专项工作

2020 年，北京市禁化武办组织人员对 3 家企业进行专项监督检查。在 11 月和 12 月，先后分 3 次对北京市相关企业禁化武履约情况进行了调研与排查，主要检查了企业遵守监控化学品相关法律法规情况、接受禁化武组织现场视察工作准备情况、有无违规经营监控化学品情况、相关管理制度情况、台账流向信息等。

（供稿人：刘昭）

天津市

组织协调

为更好地加强监控化学品全流程管理，天津市工业和信息化局根据工作实际，不断完善禁化武履约工作机制。禁化武履约工作由天津市工业和信息化局经济运行处负责，监控化学品相关行政审批事项由政务服务处负责，并委托天津市工业和信息化稽查总队开展行政执法相关工作。天津市工业和信息化局通过完善禁化武履约工作机制，进一步提升了监控化学品管理的专业水平，加强了履约全流程管理力度，为进一步落实好监控化学品管理的各项工作要求打下扎实的基础。

数据宣布与接受视察

2020 年，在我国向禁化武组织提交的 2019 年过去活动年度宣布中，

天津市有宣布设施 29 个。

2020 年，禁化武组织没有对天津市进行国际视察。

监督管理

2020 年，天津市工业和信息化局进一步深化"放管服"改革，不断加强服务力度，编印了《监控化学品行政许可事项服务指南》，通过优化审批流程、缩减审批时限、提高审批效率等方式，简化审批服务，切实方便企业办事，共完成 5 项监控化学品行政许可事项审核和审批，包括第二类、第三类监控化学品和含磷、硫、氟的第四类监控化学品生产特别许可审核 1 项；新建、扩建或者改建用于生产第二类、第三类监控化学品和含磷、硫、氟的第四类监控化学品的设施建设许可审核 2 项；第二类监控化学品使用许可审批 2 项。

2020 年，天津市工业和信息化稽查总队深入天津市监控化学品目录企业开展"两个全覆盖"执法检查，坚持将严谨的责任制度、严密的组织体系、严格的执法标准、严肃的执法态度、严厉的行政处罚"五严"工作要求，贯穿于天津市监控化学品目录企业的"两个全覆盖"执法检查中，组织开展第二类监控化学品生产、使用设施专项检查、对违法行为实施"零容忍"。2020 年累计出动执法人员 236 人次，检查企业 48 家，约谈企业 2 次，检查企业建立健全各项管理制度情况、填报年度宣布数据情况、核查预案准备情况等 10 余项内容。结合执法检查调研帮扶企业 10 次，对 28 家企业提出 60 余条指导建议。

宣传

2020 年 4 月 29 日是第 5 个国际禁止化学武器组织日，为更好地普及禁化武履约知识，宣传相关法律法规和有关规定，天津市工业和信息化局和天津市工业和信息化稽查总队在"4·29 国际禁止化学武器组织日"积极开展形式多样的宣传活动，例如播放视频、张贴宣传海报、派发宣传页等。同时，天津市工业和信息化稽查总队制作了宣传册，通过门户网站、微信群、各视频平台进行广泛宣传。

此外，天津市 2020 年开展国际视察演练和现场培训 3 次，邀请行业专家出具禁化武履约工作建议书 3 份，切实提升了天津市的整体履约能力，为顺利通过国际视察打下了坚实的基础。

培训

为贯彻落实《条例》《细则》，强化各区工业和信息化主管部门及企业履约意识，提升禁化武履约能力。2020 年 7 月 22 日，天津市工业和信息化局组织召开全市监控化学品监管暨履约工作培训会。天津市工业和信息化稽查总队和各区禁化武履约主管部门、禁化武履约企业和相关单位 80 余人参加了培训。通过培训，各级工作人员熟悉了国家监控化学品法律法规，掌握了国际禁化武组织现场视察的规范要求，了解了禁化武履约执法检查工作流程，进一步夯实了天津市禁化武履约工作基础。

2020 年 8 月 26 日～ 28 日，天津市工业和信息化局指派专人参加了国家禁化武办在北京市举办的全国禁化武履约综合培训班。天津市工业和信息化稽查总队通过"以案说法"的方式，对执法工作过程中发现的典型问题进行剖析，并与其他省（自治区、直辖市）交流了日常执法经验和取得的成效。

专项工作

2020 年 12 月 7 日～ 11 日，天津市工业和信息化局指派专人参加了国家禁化武办对山东省和山西省 2 家禁化武履约企业的"双随机、一公开"执法检查。通过检查，督促有关企业改进存在的问题和不足，提高了企业依法生产的履约意识。同时，国家禁化武办和其他省（自治区、直辖市）的先进经验和工作方法为天津市更好地开展地方"双随机、一公开"执法检查工作提供了重要指导。

（供稿人：周玉涛、陈亮）

河北省

组织协调

2020 年，河北省高度重视禁化武履约工作，以履行《公约》义务、维护我国负责任大国形象为核心目标，严格执行《条例》《细则》，认真落实国家禁化武办工作部署，不断夯实履约基础，提高管理效能，圆满完成了 2020 年禁化武履约工作任务。

数据宣布与接受视察

2020 年，在我国向禁化武组织提交的 2019 年过去活动年度宣布中，河北省有宣布设施 52 个。

2020 年，禁化武组织没有对河北省进行国际视察。

监督管理

河北省禁化武办认真贯彻《条例》《细则》，依法加强对监控化学品的管理。2020 年，河北省禁化武办完成 9 家企业行政许可现场考核（核验）和初审转报工作。按照河北省监控化学品"双随机、一公开"执法检查工作要求，对河北省 6 家监控化学品企业开展检查活动，既规范了企业生产经营行为，又夯实了企业履约基础。

宣传

河北省禁化武办高度重视禁化武履约宣传工作，特别是"4·29 国际禁止化学武器组织日"期间，按照国家禁化武办的统一部署，利用门户网站、机关电子屏、微信公众号、工作群等推送宣传海报、宣传册，扩大履约影响力。河北省各市监控化学品企业通过张贴海报、悬挂条幅、摆放展板、专题培训、观看视频、组织履约知识答题竞赛等方式进行宣传，普及履约知识，扩大公众对禁化武履约工作的认知度，营造良好的社会履约氛围。

培训

为宣传贯彻《细则》，提高河北省禁化武工作人员的责任担当和履约能力，增强监控化学品企业自觉履约、守法经营的意识，2020 年 10 月 14 日，河北省禁化武办在河北省石家庄市举办禁化武履约培训班。各市禁化武履约工作主管部门分管领导、工作人员，重点监控化学品企业负责人、部分履约技术专家等 100 多人参加了培训。通过培训，参训人员加深了认识、强化了责任、增强了能力，达到了预期效果。

（供稿人：董猛）

山西省

组织协调

2020 年，在国家禁化武办和山西省政府的指导下，山西省禁化武办充分发挥履约工作领导小组的协调、议事机制作用，发挥协同作战的团队精神，认真履行《公约》，加强履约专家队伍建设，指导各市深入学习履约相关知识，做好接受国际视察各项保障工作，提高履约能力，夯实履约基础。

数据宣布与接受视察

2020 年，在我国向禁化武组织提交的 2019 年过去活动年度宣布中，山西省有宣布设施 30 个。

2020 年，禁化武组织没有对山西省进行国际视察。

监督管理

山西省禁化武办认真贯彻落实《条例》《细则》，依法加强山西省监控化学品生产设施建设、生产、经营、使用等活动的管理。组织专家进行现场考核，审核上报监控化学品生产特别许可换证申请 2 项，新建生产设施特别许可申请 6 项，均按照行政审批要求按时办结。办结 1 家企业拆除含磷、硫、氟的第四类监控化学品生产设施申请，按照规定流程办理宣布退出手续。对 6 家企业下发责令整改通知，督促其尽快办理特别许可相关事宜。山西省禁化武办通过监督管理、责令整改，督促企业加强生产管理和制度建设，规范履约行为。

宣传

2020 年是《公约》正式生效 23 周年，4 月 29 日是第 5 个国际禁止化学武器组织日，在国家禁化武办的统一部署下，山西省禁化武办下发了组织日宣传活动的通知，省、市、县（区）工业和信息化部门采取印发文件、展览展示、散发宣传册、开辟官网主页和报纸宣传专栏、微信公众号发布专文等多种形式组织开展了宣传活动，同时通过在街道和重点企业悬挂横幅、现场宣讲等方式加强了公众对禁化武履约工作的认识，进一步增强了公众对禁化武履约工作的理解和支持，并取得了良好的宣传效果。

培训

2020 年 8 月 26 日～28 日，山西省禁化武办参加了国家禁化武办在北京市举办的全国禁化武履约综合培训班。11 月 24 日，山西省禁化武办参加了国家禁化武办在福建省厦门市举办的国际组织后备人才队伍建设座谈会。

2020 年 8 月 7 日，山西省禁化武办组织专家赴山西省晋中市参加晋中市《条例》《细则》宣贯暨禁化武履约工作能力提升培训会。会上履约专家系统解读了《公约》《条例》《细则》等法律法规和相关政策，详细介绍了接待国际视察、数据宣布等各项工作内容和要求，并与参会人员进行了现场互动、答疑解惑。通过此次培训，晋中市履约队伍和履约企业强化了履约责任，提升了履约能力，为高标准完成各项履约任务打下坚实的基础。

专项工作

2020 年 12 月 10 日，山西省禁化武办从监控化学品生产、经营及使用企业名录库中随机抽取 1 家企业开展了监控化学品"双随机、一公开"执法检查，重点检查了企业接受国际视察的准备情况，听取了设施代表的视察前情况介绍，查看了监控化学品生产车间、实验室等设施，查阅了监控化学品的生产数据台账，及时指出企业存在的问题，并提出了工作建议。该企业及时进行了整改，夯实了履约基础。

（供稿人：樊小娟）

内蒙古自治区

组织协调

2020 年，内蒙古自治区禁化武办征求内蒙古自治区外事办、公安厅、商务厅等 11 个部门的意见，提请内蒙古自治区人民政府下发了《自治区〈禁止化学武器公约〉履约工作部门联席会议制度》（内政办字〔2020〕031 号）。

数据宣布与接受视察

2020 年，在我国向禁化武组织提交的 2019 年过去活动年度宣布中，内蒙古自治区有宣布设施 19 个。

2020 年，禁化武组织没有对内蒙古自治区进行国际视察。

监督管理

2020 年，内蒙古自治区禁化武办对 2 家企业进行了工作督导，对 4 家监控化学品生产企业开展了建设许可审核和上报，对 2 家监控化学品生产企业开展了竣工验收及生产特别许可考核。针对企业存在的问题提出了整改意见，在专家组的帮助下，企业的基础管理工作得到了进一步规范和完善，有效促进了监控化学品监督管理工作规范化、科学化、程序化，提高了内蒙古自治区监控化学品的管理水平。

宣传

内蒙古自治区禁化武办在"4·29 国际禁止化学武器组织日"活动期内，围绕"禁止化学武器——为了一个无化学武器的世界"主题，精心部署，在电视台及网站、微信等媒体平台发布了宣传视频，扩大宣传广度，增强了禁化武履约工作的影响力。

培训

内蒙古自治区禁化武办通过调研、检查、专家现场指导等多种方式进行宣布、核查、监管培训，深入宣贯《公约》《条例》《细则》，对履约基础管理工作、接受国际视察资料准备工作、监控化学品管理规章制度建设工作、企业数据申报工作等方面进行了指导，提升了企业的履约能力和水平。

（供稿人：丹江、王晶）

辽宁省

组织协调

2020 年 5 月，辽宁省禁化武办向国家禁化武办推荐禁化武履约历史口述人，并于 8 月接受访谈。12 月 29 日，辽宁省禁化武办参加在北京市举办的中国监控化学品协会第九次会员大会及新一届理事会换届选举活动。

数据宣布与接受视察

2020 年，在我国向禁化武组织提交的 2019 年过去活动年度宣布中，辽宁省有宣布设施 67 个。

2020 年，禁化武组织没有对辽宁省进行国际视察。

监督管理

辽宁省禁化武办按照《条例》《细则》要求，积极组织并开展行政许可工作，2020 年完成 2 家企业监控化学品生产设施新建审核及上报，完成 4 家监控化学品生产企业的生产特别许可现场考核与上报。

宣传

2020 年 4 月 29 日是《公约》生效 23 周年纪念日、第 5 个国际禁止化学武器组织日。辽宁省禁化武办于 4 月 29 日在辽宁省工业和信息化厅网站首页发布了题为"2020 年 4 月 29 日——中国履行《禁止化学武器公约》23 周年"的宣传报道，同时组织各市禁化武主管部门将国家禁化武办制作的宣传册、宣传海报等通过各单位官方网站、微信、微博等媒体进行积极宣传。

培训

辽宁省大连市、锦州市、营口市禁化武主管部门相继组织企业开展履约培训学习。

（供稿人：丁天佐）

吉林省

组织协调

为做好 2020 年国家禁化武办活动年度宣布工作，2020 年 12 月 11 日，吉林省工业和信息化厅组织召开了全省禁化武履约宣传培训会议，详细解读了《公约》《条例》《细则》。会上，吉林省禁化武办就依法行政、行政许可和行政处罚相关业务知识进行了讲解，5名履约专家分别就《视察前情况介绍》撰写、物料平衡核算、图表数据准备、翻译等方面进行了培训。

数据宣布与接受视察

2020年，在我国向禁化武组织提交的2019年过去活动年度宣布中，吉林省有宣布设施47个。

2020年，禁化武组织没有对吉林省进行国际视察。

监督管理

为扎实做好监控化学品管理工作，吉林省禁化武办对监控化学品生产特别许可管理和考核、监控化学品建设项目管理、监控化学品防扩散等方面持续加大监督检查力度。吉林省禁化武办共有3人参加了由吉林省司法厅组织的执法资格考试，并取得了执法证，提升了执法能力和水平。吉林省禁化武办不定期到企业查访，督促地区禁化武主管部门和企业将监控化学品管理责任落实、落细、落到位。

宣传

吉林省禁化武办组织开展"4·29国际禁止化学武器组织日"宣传活动，利用宣传海报、展板等在门户网站、微信群等渠道开展监控化学品普法宣传工作。

培训

为加强履约专家人才队伍建设，吉林省工业和信息化厅组织召开了全省禁化武履约专家培训会，聘请有多年从业经验的专家进行现场讲解，并组织了拟聘任专家考试。通过培训，优化了吉林省履约专家队伍结构，提升了履约专家业务能力。

（供稿人：金龙）

黑龙江省

组织协调

按照国家禁化武办要求，黑龙江省禁化武办于 2020 年年初安排部署了黑龙江省 2020 年禁化武履约重点工作，总结分析了 2019 年黑龙江省监控化学品管理的各项工作。加强监控化学品生产、经营和使用行政许可及日常监管工作，落实履约责任，夯实履约基础；做好履约宣传、培训工作，指导各市（地）禁化武履约主管部门及相关企业加强禁化武履约学习，进一步增强了监控化学品企业主动履约意识，提高了工作人员禁化武履约工作能力，夯实了禁化武履约工作的基础。

数据宣布与接受视察

2020 年，在我国向禁化武组织提交的 2019 年过去活动年度宣布中，黑龙江省有宣布设施 23 个。

2020 年，禁化武组织没有对黑龙江省进行国际视察。

监督管理

黑龙江省禁化武办完成对违反《条例》未批先建和违法生产监控化学品的企业的行政处罚，并对企业按照《行政处罚决定书》要求整改情况进行了验收。按照《条例》要求，黑龙江省禁化武办认真开展行政许可工作，2020 年审核及上报 3 个新建监控化学品生产设施申请，完成 1 家企业申请第二类监控化学品使用许可的批复，并发放第二类监控化学品使用许可证。

宣传

黑龙江省禁化武办积极组织地市及相关企业开展"4·29 国际禁止化学武器组织日"宣传活动，增强企业履约意识和守法意识，增加社会公众对禁化武履约工作的理解和支持。

培训

黑龙江省禁化武办参加了国家禁化武办在北京市举办的全国禁化武履约综合培训班，进一步加强了履约学习，提高了自身禁化武履约工作能力。

（供稿人：马宏伟、董伟）

上海市

组织协调

2020 年，上海市禁化武办积极协调各履约成员单位，深入贯彻国家禁化武办的工作部署，全面推进各项禁化武履约工作落实。深化行政审批改革，优化审批流程，完善政务服务标准化监控化学品管理平台建设，将监控化学品生产许可初审、竣工验收、经营和使用许可事项纳入"一网通办"，方便企业办理，节省办理时间，贴近企业服务。上海市禁化武办按要求提交数据宣布，深入开展监控化学品企业专项监督检查工作，对企业存在的问题要求限时整改，增强了企业的履约意识，提高了企业的履约能力。

数据宣布与接受视察

2020 年，在我国向禁化武组织提交的 2019 年过去活动年度宣布中，上海市有宣布设施 29 个。

2020 年，禁化武组织没有对上海市进行国际视察。

监督管理

上海市禁化武办依法加强对监控化学品设施建设、生产、经营、使用活动的管理，及时组织专家对相关企业提交的许可申请进行审查。其中，对 2 家企业延续生产特别许可证申请进行量化考核；对 2 家企业进行竣工验收审核并提交国家禁化武办获得批复；对 4 个批次的监控化学品进口申请进行认真审核，根据合同对企业销售、使用等原始记录台账进行检查，切实把好防扩散关口。强化日常监管，督促企业做实日常管理工作，会同专家对企业的视察前情况介绍、数据记录台账、物料平衡核算、厂区标识等履约管理情况进行现场检查指导，帮助企业提升履约能力。

宣传

上海市禁化武办认真贯彻实施依法办事的行政理念，深入广泛开展监控化学品领域的普法教育宣传工作。结合日常执法检查、专项执法行动进行普法，向行政相对人发放法规读本，现场普法释理，提高遵法守法意识。在"4·29 国际禁止化学武器组织日"，以电子屏滚动播放宣传视频、张贴宣传海报、发放宣传品等多种形式，在上海市政府集中办公点进行普法宣传；通过上海市经济和信息化委员会官方网站、微信公众号向社会公众广泛宣传《公约》相关知识和上海市禁化武履约工作情况；积极动员履约企业参与宣传活动，进一步强化企业的履约责任感和自觉性。

培训

上海市禁化武办组织召开了 2020 年上海市履约专家专题会，邀请中国监控化学品协会专家进行培训，在履约法规、工作实践、操作程序、审查标准等方面进行了讨论和交流，加强了上海市履约队伍力量。组织上海市履约企业开展每年一期的禁化武履约管理培训，了解国内外最新履约动态，交流履约管理及视察准备经验做法，研究讨论履约重点难点问题，全面提高企业履约从业人员的业务技能。

专项工作

上海市禁化武办深入开展了 2020 年监控化学品企业专项监督检查工作。2020 年 6 月～ 9 月要求企业开展自查自纠工作，11 月组织执法检查人员和禁化武履约专家开展专项督查工作，对企业视察前情况介绍、物料平衡核算、生产原始记录、原料产品购买及出入库记录、产品销售台账、生产能力评估及产量统计台账等方面加强检查，共完成 4 家企业的专项检查。针对专项检查发现的问题，进行指导，要求企业整改、完善细节、落实责任，夯实禁化武履约工作基础，提高禁化武履约工作能力。

（供稿人：刘元东）

江苏省

组织协调

2020 年，在江苏省人民政府的正确领导下，江苏省禁化武办按照国家禁化武办年度工作要点要求，制定江苏省禁化武年度工作目标，依法开展宣布数据、审批事项审查考核、监督检查等履约工作事项，重点落实规范监控化学品管理、加快推动执法监督常态化工作措施。2020 年，江苏省禁化武办共举办江苏省禁化武履约培训班 1 次，配合国家禁化武办举办接受国际视察演练 1 次。

数据宣布与接受视察

2020 年，在我国向禁化武组织提交的 2019 年过去活动年度宣布中，江苏省有宣布设施 174 个。

2020 年，禁化武组织没有对江苏省进行国际视察。

监督管理

一是规范行政管理。2020 年，江苏省禁化武办加强对监控化学品企业行政审批事项指导服务，认真做好监控化学品企业事中事后监管。开展日常监督管理工作，促进监控化学品企业持续改进管理方式，通过监督检查和审查考核等工作，规范企业行政许可申请、产销存台账资料管理、基本信息变更、专业人员培训等基础管理工作。

二是加强审查考核。2020 年，江苏省禁化武办共受理并审查监控化学品建设项目 1 项、生产特别许可考核 8 项、使用第二类监控化学品事项 2 项，审查监控化学品进口事项 31 项。各设区市禁化武主管部门根据本地实际，制定有针对性的管理措施，加强对监控化学品新（改、扩）建项目和生产特别许可初审，开展监控化学品企业监督检查工作，着力提升企业自主履约责任意识和履约基础能力。

三是做好国家禁化武办交办工作。2020 年，江苏省配合国家禁化武办对低浓度阈值监控化学品进出口管理政策开展调研活动，组织相关企业参与调研并提出意见建议。

宣传

2020 年是《公约》生效 23 周年，江苏省禁化武办结合"4·29 国际禁止化学武器组织日"等活动，开展主题宣传片播放、履约知识宣讲、履约宣传资料发放等形式的宣传活动，履约宣传深入企业。

培训

一是配合国家禁化武办在太仓中化环保化工有限公司举办全国禁化武履约研修班暨第 11 次国际视察演练，同期举办全国禁化武履约厅局级领导干部培训班，并取得了良好的效果。二是 2020 年 12 月江苏省禁化武办在徐州市召开全省履约专题培训，邀请国内知名履约专家，围绕监控化学品行政法规、监控化学品行政管理实务、接受视察工作实践、数据宣布等内容，全省各设区市禁化武主管部门负责同志、履约专家 60 多人参加了培训。

专项工作

江苏省禁化武办认真开展违法违规生产经营监控化学品执法检查，联合江苏省工业和信息化厅法规处对 1 家企业进行调查处理。2020 年年底，江苏省禁化武办研究部署开展全省监控化学品排查整治工作。

（供稿人：陈忠明）

浙江省

组织协调

为确保禁化武履约各项工作的顺利开展，2020 年年初浙江省转发了《国家禁化武办关于印发 2020 年履行〈禁止化学武器公约〉工作要点的通知》，并就浙江省如何做好禁化武履约工作提出 3 点要求：一是做好行政审批改革工作，根据"最多跑一次"和"证照分离"改革要求，委托下放第二类监控化学品经营、使用许可和改变第二类监控化学品使用目的许可 3 项行政审批事项至属地管理，要求各市经济和信息化局规范审批行为、创新审批方式、优化审批流程，完善事中事后监管措施，确保接得牢、管得住、有监督；二是严格落实履约监管职责，以浙江省行政执法监管平台为基础，进一步推进监控化学品"双随机、一公开"执法检查工作，督促和指导企业做好禁化武数据宣布工作，依法加强对监控化学品设施建设、生产、使用和经营等活动的管理；三是加强普法宣传和履约培训，继续做好《条例》《细则》的宣贯工作，结合"4·29 国际禁止化学武器组织日"开展履约宣传活动，开展监控化学品管理培训，分类指导，精准服务，夯实禁化武履约工作基础，提高禁化武履约工作水平。

数据宣布与接受视察

2020 年，在我国向禁化武组织提交的 2019 年过去活动年度宣布中，浙江省有宣布设施 181 个。

2020 年 1 月 12 日～18 日，国际禁化武组织视察组对浙江省乐天化学（嘉兴）有限公司的第三类监控化学品生产设施和浙江蓝天环保高科技股份有限公司的第四类监控化学品生产设施进行连续现场视察。这 2 家企业均顺利通过了国际视察。

监督管理

浙江省禁化武办认真贯彻执行《条例》《细则》，依法加强对监控化学品设施建设、生产、使用等活动的管理，完成 6 家企业第二类监控化学品使用许可审批、5 家企业新建生产设施审核、20 家企业的监控化学品生产特别许可申（换）证考核及申报工作。加强对企业信息筛查，组织有关市禁化武办开展第二类监控化学品生产、使用、经营情况专项调查，并对在库第二类监控化学品生产、使用企业实行全覆盖检查。

根据浙江省政府"互联网＋监管"工作要求，建立健全浙江省行政执法监管平台有关监控化学品监管信息，梳理监控化学品 3 项行政检查、6 项行政处罚基本目录、实施清单。修改完善监控化学品的行政处罚裁量基准，进一步做好监控化学品监管信息化、标准化、规范化工作。

宣传

浙江省禁化武办积极开展普法宣传，结合 4 月 29 日《公约》生效日和国际禁止化学武器组织日，在浙江省经济和信息化厅微信公众号连续推送 2 条推文：《促进化学领域成就完全用于造福人类》和《一如既往，努力不懈！今年的履约工作要这么做……》，并在浙江省经济和信息化厅官网首页开设禁化武履约宣传专栏。浙江省禁化武办注重省市宣传联动，其中杭州市、宁波市、嘉兴市、绍兴市、衢州市、舟山市等地市经济和信息化局同步分别在微信公众号、门户网站、微信群、钉钉等平台进行了宣传，利用新媒体和传统媒体，面向社会公众普及《公约》知识，宣传履约政策法规。

培训

完成国家禁化武办委托浙江省禁化武办编写的《禁化武履约培训教材》第一、第三、第四分册的修改报送工作。浙江省禁化武办组织浙江省履约专家赴杭州市、宁波市、湖州市、嘉兴市、衢州市、台州市等地市化工园区、企业，开展宣讲和履约业务培训，帮助企业进一步增强履约主体意识、社会责任意识、安全意识和依法经营意识，指导和督促企业加强生产管理和制度建设，提升企业履约能力。

专项工作

浙江省禁化武办积极推进监控化学品领域"互联网＋监管"工作，全面推进跨层级的监控化学品"双随机、一公开"抽查监管机制。在浙江省行政执法平台建立了全省监控化学品抽查对象名录库和禁化武履约执法检查人员名录库。2020 年 6 月 30 日，浙江省禁化武办会同浙江省经济和信息化厅政法处在平台中随机抽取 9 家监控化学品企业和相关执法检查人员，7 月～11 月，运用"掌上执法"，开展省市联合监控化学品"双随机、一公开"执法检查，对 2 家企业提出整改意见，企业均按期完成整改工作，9 家企业检查结果均在平台公示。2020 年，浙江省监控化学品"双随机、一公开"抽查监管工作涉及杭州市、宁波市、嘉兴市、绍兴市、台州市 5 个市辖区的企业，全省 9 个市禁化武办参与执法检查，抽查监管工作做到操作透明、程序规范、公开及时。12月 16 日～18 日，浙江省禁化武办组织 1 家企业接受国家禁化武办"双随机、一公开"执法检查，检查结果表明该企业履约各项工作符合要求。

（供稿人：朱小庆）

安徽省

组织协调

2020 年 10 月 15 日～16 日，安徽省禁化武办在合肥市召开了全省禁化武履约工作会议，会议总结了安徽省近年来的禁化武履约工作，安排部署了下一步禁化武履约重点工作。

数据宣布与接受视察

2020 年，在我国向禁化武组织提交的 2019 年过去活动年度宣布中，安徽省有宣布设施 33 个。

2020 年，禁化武组织没有对安徽省进行国际视察。

监督管理

2020 年是安徽省监控化学品生产特别许可证换证年，安徽省 2020 年完成审核上报监控化学品生产特别许可事项 12 项，完成新建监控化学品生产设施初审事项 2 项、竣工验收 2 项；修改完善监控化学品行政审批项目权力清单、实施清单，修订和完善了办事指南，简化了审批程序，提高了审批效率，将行政审批时限从法定要求的 20 个工作日，压缩到 8～10 个工作日；结合"不忘初心、牢记使命"主题教育活动，深入开展禁化武履约工作调研，召开了履约宣传工作座谈会，发布了安徽省禁化武履约工作调研报告。

宣传

2020 年 4 月 29 日是《公约》生效 23 周年，也是第 5 个国际禁止化学武器组织日，根据国家禁化武办的工作安排，安徽省经济和信息化厅在厅门户网站上推送了禁化武宣传册，通过新媒体适时推送宣传短视频，在全省范围内开展 2020 年禁化武履约宣传工作。安徽省禁化武办继续为企业订购《中国履行〈禁止化学武器公约〉报告》和《禁止化学武器组织宣布手册（2013）》等。

培训

为夯实安徽省禁化武履约基础，提高禁化武履约工作人员能力和水平，2020 年 10 月 15 日～ 16 日，安徽省禁化武办在合肥市组织举办全省禁化武履约工作培训班，各市、部分禁化武履约工作重点县的禁化武主管部门相关工作人员，以及全省履约企业的设施代表和数据宣布人员约 70 余人参加了培训。禁化武履约专家就企业如何做好禁化武组织现场视察准备工作进行了精心辅导，强化宣贯了《公约》《条例》《细则》，详细介绍了行政审批事项办理要求和材料准备的注意事项。安徽省经济和信息化厅分管领导在开班动员中要求各级政府部门及履约企业的工作人员要提高政治站位，强化履约意识，强化责任意识，严格履行《公约》。

（供稿人：陈平、夏必仙）

福建省

数据宣布与接受视察

2020 年，在我国向禁化武组织提交的 2019 年过去活动年度宣布中，福建省有宣布设施 42 个。

2020 年，禁化武组织没有对福建省进行国际视察。

监督管理

在日常监督管理方面，福建省重点抓好 4 个方面的工作。一是持续完善制度建设。全面梳理了福建省网上办事大厅涉及监控化学品行政许可事项，更新有关办事指南 13 项，实现了"一趟不用跑"。二是积极服务企业，通过现场指导、政策解读等方式做好服务工作，督促企业做好新（改、扩）建生产设施申请、生产特别许可现场考核、使用经营审批及新建第四类监控化学品生产设施备案工作。2020 年共受理了 1 家第二类监控化学品使用审批，1 家第二类监控化学品和含磷、硫、氟的第四类监控化学品生产特别许可期满延续，1 家第三类监控化学品生产特别许可变更申请，5 家新建含磷、硫、氟的第四类监控化学品生产设施初审及 2 家新建不含磷、硫、氟的第四类监控化学品生产设施备案。三是积极做好防扩散工作，加强对福建省唯一的进口监控化学品的经营企业的管理，指导企业加强监控化学品流向的登记管理，规范监控化学品经营活动，全年出具进口第三类监控化学品申请确认 42 项。

宣传

受新冠肺炎疫情影响，2020 年福建省以线下精准宣传和线上宣传相结合的方式，普及禁化武履约知识。一是开展线下点对点服务指导。对福建省有机氟化工相对集中的南平市、三明市、龙岩市等重点地市及重点化工发展区域开展上门宣传服务，先后走访了南平邵武、三明清流、泉州泉港、龙岩蛟洋等化工园区，指导重点企业加强监控化学品合规性管理工作。二是引导各级工业和信息化主管部门加强宣传工作，组织各设区市工业和信息化主管部门通过门户网站和微信公众号等，宣传《公约》《条例》等，进一步提高福建省各界对禁化武履约工作重要性的认识。三是对高校、企业加大宣传力度。借助"4·29 国际禁止化学武器组织日"活动，组织省内部分高校发动学生参与宣传海报设计，在高校和企业张贴宣传海报及在相关微信群中发布宣传视频，扩大宣传面，提高企业与高校师生对禁化武履约工作的认识。

专项工作

2020 年 2 月，福建省禁化武办拟定《福建省工业和信息化厅 2020 年监控化学品生产、使用、经营的监督检查事项"双随机、一公开"抽查工作计划》。11 月 24 日～ 25 日，通过"双随机、一公开"方式对随机抽取的 1 家监控化学品企业进行执法检查，共发现 4 个问题，并及时下发整改通知单，责令企业限期完成整改。通过"双随机、一公开"执法检查，企业强化了守法意识，提高了对禁化武履约工作的认识，完善了接受国际视察各项工作准备。

（供稿人：林慧蓉、余陈荣）

江西省

组织协调

江西省人民政府分管领导高度重视禁化武履约工作，多次对国家禁化武办印发的通报、简报等作出批示。江西省工业和信息化厅多次强调要认真做好禁化武履约工作，建立长效机制。

数据宣布与接受视察

2020 年，在我国向禁化武组织提交的 2019 年过去活动年度宣布中，江西省有宣布设施 16 个。

2020 年，禁化武组织没有对江西省进行国际视察。

监督管理

2020 年，江西省禁化武办强化监控化学品生产特别许可考核，组织专家赴现场审查企业禁化武履约及生产管理情况，查找企业存在的问题，指导企业切实提高履约能力和管理水平。办理 1 家第二类监控化学品企业，2 家第三类监控化学品企业和 4 家含磷、硫、氟的第四类监控化学品企业生产特别许可换证审核，办理 1 家第二类监控化学品企业，1 家第三类监控化学品企业，4 家含磷、硫、氟的第四类监控化学品企业新（改、扩）建生产设施审核。

宣传

2020 年，按照国家禁化武办统一部署，江西省禁化武办要求各地市工业和信息化主管部门加强对《公约》和"4·29 国际禁止化学武器组织日"宣传。在江西省工业和信息化厅门户网站、全省禁化武履约微信群、QQ 群宣传禁化武履约的相关知识和工作等。

培训

2020 年 11 月 25 日，江西省禁化武办在南昌市召开全省禁化武履约培训视频会议，对企业和各设区市、县市区禁化武履约主管部门进行了《公约》《条例》《细则》等法律法规、生产特别许可、接受国际视察、数据宣布等方面的培训。江西省禁化武履约专家、各设区市和县市区工业和信息化局禁化武工作分管领导及科室负责人、监控化学品企业法人代表及经办人共计 280 余人参加会议。通过此次会议，与会人员增强了履约意识，提高了履约能力。

江西省禁化武办积极参加国家禁化武办举办的培训班，掌握国内、国际禁化武履约动态，进一步提高履约水平。还加强与高校、科研院所沟通，扩充了全省禁化武履约专家队伍。

（供稿人：殷卫华、刘敬东）

山东省

组织协调

2020 年，山东省禁化武办组织各市、区（县）及监控化学品企业，履行《公约》义务，贯彻《条例》规定，按照国家禁化武办工作部署开展各项履约工作。积极办理监控化学品企业设施建设及生产特别许可事项，积极配合国家禁化武办专项检查，积极开展监控化学品企业"双随机、一公开"执法检查，指导市级禁化武办开展履约工作培训。

数据宣布与接受视察

2020 年，在我国向禁化武组织提交的 2019 年过去活动年度宣布中，山东省有宣布设施 320 个。

2020 年，禁化武组织没有对山东省进行国际视察。

监督管理

按照《条例》的要求，山东省禁化武办办理 57 家企业监控化学品生产设施建设初审，4 家企业竣工验收初审，51 家企业生产特别许可初审，2 家企业申请使用第二类监控化学品和 1 家企业申请经营第二类监控化学品的审核、批复。

山东省禁化武办对山东省各类监控化学品企业进行调查摸底，督促已建成开工生产但尚未办理相关手续的企业按要求进行整改并补办审批手续；通过多种渠道调查新建项目，及时向涉及监控化学品的企业宣传法律法规，敦促企业办理相关审批手续，有效管控各类监控化学品。

宣传

山东省积极参与国家禁化武办履约宣传主题活动，印制宣传册，充分利用有关会议、培训、调研、现场考核等机会发放材料，宣传有关国内外履约情况。充分调动基层履约机构加强履约宣传，积极参与国家禁化武办履约宣传征稿活动。

培训

受新冠肺炎疫情影响，山东省 2020 年禁化武履约培训工作以小范围培训各市、区（县）主管部门为主，充分利用对企业进行现场考核、检查工作等机会，组织就近区（县）和企业人员进行宣传培训，培训做到实打实、一对一、手把手，服务、辅导同步完成，即时交流沟通解决问题难点，培训效果显著。

专项工作

2020 年 12 月 8 日，按照工业和信息化部、山东省人民政府及工业和信息化厅的要求，山东省禁化武办以 5% 的比例抽取已完成宣布的监控化学品企业，在全年内，按企业地域分布，结合所在市其他企业现场监管工作，组织执法人员和专家，对 18 家企业开展"双随机、一公开"执法检查，敦促企业对存在的问题和不足加以弥补和改进。对在山东省其他系统开展的"双随机、一公开"执法检查工作中反馈的信息，及时做出回应，对存在的履约问题立即整改完善。

（供稿人：田晓慧）

河南省

组织协调

一是组织召开河南省禁化武履约工作会议。会议总结了河南省 2019

年禁化武履约工作，分析了国内外履约新形势，部署了 2020 年工作要点，表彰了 2019 年履约先进集体及先进个人。二是印发了《河南省 2020 年履行〈禁止化学武器公约〉工作要点》，要求各市（县）做好全年禁化武履约工作。

数据宣布与接受视察

2020 年，在我国向禁化武组织提交的 2019 年过去活动年度宣布中，河南省有宣布设施 71 个。

2020 年，禁化武组织没有对河南省进行国际视察。

监督管理

一是深入推进法规制度建设。贯彻落实河南省委省政府推进行政审批改革的重大决策，配合相关部门进一步做好监控化学品行政许可改革和相关工作，完善相关行政许可制度和程序，严格执行行政许可标准，强化事中事后监管。

二是严格监控化学品生产建设管理。依据《条例》《细则》和有关政策，密切关注监控化学品设施新（改、扩）建情况，对拟建企业提前做好宣传工作，指导企业依法依规按程序申报。2020 年河南省禁化武办严格按照《条例》规定，对每一家申请监控化学品生产设施建设和生产特别许可的企业认真进行审核。全年共办理监控化学品生产设施搬迁审核 1 项、新建监控化学品生产设施许可申请 3 项，设施拆除申请 5 项，使用第二类监控化学品延续申请 1 项。

三是加大生产特别许可工作力度。充分发挥专家作用，对企业申报材料及现场进行严格审查，组织专家对 4 家企业进行现场审核，并将审核情况报送国家禁化武办。

四是强化监控化学品进出口监管工作。提高警惕，做好监控化学品进出口审查工作，严防转让风险。审查 1 家企业申请的 9 批次进口经营监控化学品。

五是加强监控化学品监管。继续组织监控化学品企业进行互联网发布信息自查与排查，对虚假信息进行清理；对 9 家监控化学品生产使用企业进行了监督抽查；对 5 个地市履约主管部门依法行政情况进行抽查指导。

六是做好视察前的准备工作。指导企业完善接受禁化武组织国际视察预案和《视察前情况介绍》，提高企业的禁化武履约管理水平和接受国际视察能力。

宣传

河南省禁化武办组织"4·29 国际禁止化学武器组织日"网上宣传活动，并通过电信运营商向全省手机用户发送履约公益短信。在河南省禁化武办的指导下，河南省各市（县）禁化武办和监控化学品企业克服新冠肺炎疫情影响，采用门户网站、微信公众号、微博等方式开展禁化武宣传工作。

培训

2020 年 12 月 17 日，河南省禁化武办在许昌市举办了河南省履行《禁止化学武器公约》培训班，各市（县）禁化武办同志、重点监控化学品生产使用企业数据申报人员参加了培训。培训班邀请了中国监控化学品协会专家就禁化武履约工作进行了专题授课，河南省禁化武办相关同志就监控化学品的行政监管和行政许可进行了讲解。

专项工作

河南省禁化武办开展监控化学品"双随机、一公开"执法检查。2020 年河南省禁化武办组织 2 名执法人员并随机抽选 2 名专家，对 9 家企业进行了现场监督抽查，未发现问题。

（供稿人：韩中星）

湖北省

组织协调

2020 年 1 月，湖北省进一步增强监控化学品企业履约守法意识，规范监控化学品企业生产经营行为，杜绝无证生产。在经济和信息化工作会议上将《湖北省禁化武履约 2020 工作要点》发至各市（县、区）经济和信息化主管部门，从履行《公约》义务、加强履约监管、履约宣传培训、强化履约体系建设、发挥协会桥梁纽带和技术支撑作用、促进监控化学品企业高质量发展等方面部署全省禁化武履约工作。

数据宣布与接受视察

2020 年，在我国向禁化武组织提交的 2019 年过去活动年度宣布中，湖北省有宣布设施 63 个。

2020 年，禁化武组织没有对湖北省进行国际视察。

监督管理

依法行政、加强监控化学品监管工作。严格监控化学品生产设施建设的管理；根据产业政策与法规，对限制类产品从严审查新建项目；加强对新（改、扩）建项目竣工验收的审核。按照新修订的《细则》要求，对 8 个监控化学品建设项目（其中，第三类监控化学品建设项目 1 个，含磷、硫、氟的第四类监控化学品建设项目 7 个）、2 个第二类监控化学品建设项目竣工验收，均得到国家禁化武办的批复；加大企业生产特别许可取（换）证工作力度，杜绝无证生产，对 4 家企业的 20 个监控化学品进行生产特别许可现场考核并报国家禁化武办取（换）证；加强企业基础管理和制度建设，建立履约保证体系。加强对第二类监控化学品的经营和使用管理。严把进出口审批关。

扎实做好接受国际视察工作准备。湖北省禁化武办深入荆州市、宜昌市、荆门市、仙桃市等地的相关企业，按照国家禁化武办《现场视察工作规范（试行）》要求，突出工作重点，检查落实接待国际视察各项准备情况。强化责任落实，加强同公安等部门的协调配合，完善接受国际视察的工作机制，编制接受国际视察预案和《视察前情况介绍》（中英文）等，要求达到核查阈值的第二类，第三类和含磷、硫、氟的第四类监控化学品企业要具备随时能接受国际视察并顺利通过的能力。

加强对企业的服务指导。湖北省禁化武办组织专家到孝感市、天门市所有监控化学品企业开展禁化武履约工作技术咨询服务；到重点企业现场指导履约项目生产设施建设、竣工验收和生产特别许可相关事宜；组织多名专家到1家企业指导禁化武履约相关工作。依据国家产业政策与法规，加强对沿江监控化学品企业搬迁建设的业务指导。

宣传

结合2020年《公约》生效23周年、第5个国际禁止化学武器组织日，湖北省禁化武办印制《4·29国际禁止化学武器组织日宣传册》，向湖北省经济和信息化厅机关、各市（县、区）经济和信息化局、高等院校、科研院所和各监控化学品企业发放，提高全社会对禁化武履约工作的认知度，进一步增强社会公众的履约意识。

湖北省禁化武办选派湖北省监控化学品协会副秘书长作为禁化武专家参加国际视频会议，代表中方发言；开展禁化武履约口述历史活动，宣传湖北省禁化武履约工作成就、禁化武履约工作方式和经验等。

培训

湖北省禁化武办创新培训方式，编印2020年湖北省禁化武履约工作培训教材，分发至各市经济和信息化局和相关企业，由各市经济和信息化局组织各市（县、区）经济和信息化局负责人、企业负责人和设施代表及数据申报人参加履约培训。湖北省禁化武办和履约专家分别到各市授课，从国际视察现场要求、《视察前情况介绍》(中英文) 撰写、数据采集和宣布、物料平衡和生产能力核定、国际禁化武履约形势等方面进行了讲解，以提高履约人员履约素质。

专项工作

按照《国家禁化武办关于开展 2020 年第三类和第四类监控化学品"双随机、一公开"抽查工作的通知》精神，湖北省禁化武办印发了《在全省开展监控化学品专项监督检查工作的通知》，要求各市（县、区）和企业自查，湖北省省禁化武办组织各市（县、区）履约机构、禁化武专家和协会进行监督检查。

湖北省禁化武办加大专项监督检查力度。落实"放管服"要求，加大监控化学品事中事后监管，创新监督检查方式方法，强化行政执法，在全省开展监控化学品交叉专项监督检查，将检查情况、查处结果向社会公开；按照国家禁化武办关于开展"双随机、一公开"执法检查要求，组织专家和宜昌市、荆州市经济和信息化局禁化武主管人员分别对 2 家企业进行交叉专项监督检查，从企业履约基础管理工作情况、接受视察资料准备情况、贯彻落实《条例》《细则》情况 3 个方面进行检查，并提出了整改意见，进一步夯实企业禁化武履约工作基础。

（供稿人：陈学农、戴兰林）

湖南省

组织协调

2020 年 12 月，湖南省禁化武办召开湖南省禁化武履约专题培训会议，对全省、市（州）和重点县分管禁化武履约工作的主要负责人、各监控化学品生产企业的设施代表和数据宣布工作人员进行了培训，对 2020 年禁化武履约工作进行了全面的总结，对 2021 年禁化武履约工作进行安排和部署。

湖南省禁化武办加强对各市（州）禁化武履约工作的指导和对省内监控化学品企业的监管，认真做好年度宣布、接受国际视察准备工作；进一步将禁化武履约工作和行业管理相结合，规范企业生产经营行为，提高监控化学品企业的技术装备水平和管理水平，支持企业采用先进生产技术、装备和新产品，推进监控化学品企业转型升级和绿色发展。

数据宣布与接受视察

2020 年，在我国向禁化武组织提交的 2019 年过去活动年度宣布中，湖南省有宣布设施 20 个。

2020 年，禁化武组织没有对湖南省进行国际视察。

监督管理

湖南省禁化武办严格按照《条例》《细则》规定，依法加强监控化学品生产设施建设、生产、经营、使用等活动的管理，进一步规范全省禁化武履约工作。

一是落实《条例》规定的各项职责，严格监控化学品生产设施新（改、扩）建项目管理。按照《条例》《细则》的要求，审核上报新建第三类监控化学品生产设施许可申请 1 项，含磷、硫、氟的第四类监控化学品生产设施建设许可申请 1 项。

二是做好监控化学品生产特别许可申请的上报和证后抽查管理工作。对申请监控化学品生产特别许可的企业，严格按照工作流程、考核标准，组织专家赴现场考核。2020 年度审核并上报第三类监控化学品生产特别许可申请 2 项，含磷、硫、氟的第四类监控化学品生产特别许可申请 1 项，企业顺利获得工业和信息化部颁发的生产特别许可证书。

三是指导企业做好接受禁化武组织国际视察的准备工作。一方面，对各市（州）工业和信息化局分管领导、工作人员和重点监控化学品企业就《接受禁止化学武器组织现场视察工作规范（试行）》进行培训，明确了相关部门和地市禁化武办的工作职责。另一方面，组织专家团队对第三类监控化学品和含磷、硫、氟的第四类监控化学品生产企业进行现场指导，帮助企业核实有关宣布数据、台账，并对《视察前情况介绍》进行修改和完善，对接受视察方案、生产现场和相关设施进行指导，进一步确保企业接受视察的各项准备工作得到全面的落实。

四是对省内监控化学品进出口企业加强指导，指导企业加强监控化学品流向登记管理，规范监控化学品经营活动。

五是推进禁化武行政审批。根据《湖南省加快推进"互联网＋政务服务"工作实施方案》和湖南省人民政府的统一部署，湖南省工业和信息化厅对涉及禁化武履约工作的 5 项行政审批和初审事项，实行政务公开，加快推进政务服务事项网上办理。

宣传

2020 年 4 月 29 日是第 5 个国际禁止化学武器组织日，根据国家禁化武办的要求，湖南省禁化武办高度重视，进行了认真的安排部署，在湖南省工业和信息化厅门户网站进行了宣传。各市（州）工业和信息化主管部门结合各地实际情况，围绕《公约》《条例》内容及履约相关工作，自上而下，开展了多种形式的宣传活动。通过系列宣传活动，企业和社会公众更加深刻地认识到化学武器的危害和禁化武组织在销毁化学武器方面发挥的重要作用，以及履约的严肃性，进一步增强了企业做好禁化武履约工作的自觉性。

2020 年，湖南省禁化武办利用湖南省工业和信息化厅门户网站对履约政策法规进行线上宣传，重点介绍了禁化武履约相关活动、禁化武履约工作要求，主动公开监控化学品行政许可事项依据、程序和审批时限，建立高水平的行政效能和服务质量。

培训

为夯实履行《公约》工作基础，认真做好接受禁化武组织国际视察的准备工作和《公约》规定的宣布义务，进一步提高企业的履约意识和履约能力，2020 年 4 月和 12 月，湖南省禁化武办分两期举办了湖南省禁化武履约专题培训，对《公约》基本内容、《细则》修订情况、电子宣布系统的使用进行了详细讲解。

（供稿人：孟建华）

广东省

组织协调

2020 年，广东省禁化武办印发了《广东省工业和信息化厅关于调整广东省履行〈禁止化学武器公约〉工作联席会议成员名单的函》，启动修订《广东省接受禁化武组织现场视察工作规则》，转发了《国家禁化武办关于印发 2020 年履行〈禁止化学武器公约〉工作要点的通知》，并结合广东省的实际情况进行了工作部署，开展了接受禁化武组织视察演练和禁化武履约宣传工作。

数据宣布与接受视察

2020 年，在我国向禁化武组织提交的 2019 年过去活动年度宣布中，广东省有宣布设施 25 个。

2020 年，禁化武组织没有对广东省进行国际视察。

监督管理

2020 年，广东省禁化武办完成 10 项监控化学品行政许可审核（初审）工作，包括 3 项含磷、硫、氟的第四类监控化学品生产设施建设审批初审，1 项含磷、硫、氟的第四类监控化学品生产设施竣工验收初审，3 项监控化学品生产特别许可初审，1 项第二类监控化学品使用许可，2 项进口监控化学品用户申请确认。

宣传

2020 年，广东省加大禁化武履约工作宣传力度，结合日常监督管理和调研，加强履约宣传和《条例》《细则》的宣贯工作。在"4·29 国际禁止化学武器组织日"宣传活动期间，利用广东省工业和信息化厅大屏幕、官方网站、微信公众号、政务微信等线上渠道开展宣传，并印制了禁化武履约相关法律法规文件、禁化武履约宣传海报和《4·29 禁化武履约宣传册》，分发给省市履约主管部门、省级禁化武联席会议成员单位和省内相关企业。通过多途径、多渠道、多层次，线上线下联动，广泛宣传了禁化武履约工作的重要意义和取得的丰硕成果，进一步扩大了禁化武履约宣传的传播面和影响力，提高了社会各界对禁化武履约工作的认知度。

培训

为锻炼履约队伍，查缺补漏，提高广东省各地市工业和信息化主管部门和相关企业的禁化武履约能力，夯实基础做好禁化武履约工作，2020年 11 月 18 日～20 日，在国家禁化武办的指导和茂名市的大力支持下，广东省工业和信息化厅在茂名市举办了 2020 年广东省禁化武视察演练活动。组织省级禁化武联席会议成员单位、各地市工业和信息化主管部门和监控化学品企业等 43 家单位 70 余人，开展了接受禁化武组织现场视察演练活动，并进行了专题培训，进一步提高禁化武履约工作组织和管理能力。

专项工作

2020 年，广东省工业和信息化厅根据广东省人民政府办公厅《关于印发广东省全面推行"双随机、一公开"监管工作实施方案的通知》要求，对 1 家监控化学品企业进行了"双随机、一公开"执法检查。通过检查，找到了企业在履约能力方面的不足之处，对存在的突出问题，探讨、研究了整改措施，增强了企业的履约意识，切实提高了企业的履约能力。

（供稿人：林建青、孙卫红）

广西壮族自治区

组织协调

2020 年 5 月 8 日，广西壮族自治区禁化武办（以下简称广西禁化武办）在南宁市召开禁化武履约工作会议。会议听取了禁化武履约工作情况汇报，审议了《2020 年广西履行〈禁止化学武器公约〉工作要点》《广西接受国际禁止化学武器组织视察接待工作方案》，并就下一步广西开展禁化武履约工作进行了研究和部署。

广西禁化武办按照国家禁化武办部署要求，强化贯彻落实，严抓监管履约，以高度的政治责任感和改革创新精神，切实做好宣布、接受国际视察和行政许可、监督检查等重点工作，对企业宣布数据进行认真核实、上报，确保履约各项工作得到落实。

数据宣布与接受视察

2020 年，在我国向禁化武组织提交的 2019 年过去活动年度宣布中，

广西壮族自治区有宣布设施 27 个。

2020 年，禁化武组织没有对广西壮族自治区进行国际视察。

监督管理

广西禁化武办高度重视禁化武履约工作，严格依据《条例》《细则》，坚持从严审批监控化学品生产设施建设项目及竣工验收，加强与生态环境、应急管理等部门的沟通协调；进一步规范生产特别许可初审工作，督促企业按时办证换证，严格依据考核要求及时开展现场考核，确保初审和现场考核质量；积极做好经营、使用、变质或过期失效的监控化学品处理等行政许可工作，指导企业做好相关备案工作，提高禁化武履约工作总体水平。

宣传

2020 年，广西禁化武办结合新冠肺炎疫情防控和复工复产，以及各地区实际情况，组织开展灵活多样的"4·29 国际禁止化学武器组织日"宣传活动，进一步增强社会公众的履约意识及对禁化武履约工作的理解和支持。宣传活动围绕《公约》宗旨目标，以"携手共建一个无化武的世界"和"化学领域成就完全用于造福人类"为主题，以宣贯《公约》《细则》为重点，充分利用新型媒体和社交平台等各种宣传媒介，注重实际，取得了良好的宣传效果。

培训

广西禁化武办积极参加国家禁化武办举办的培训班，了解国内外禁化武履约形势，学习日常监管和接受国际视察准备等相关知识。同时，充分考虑禁化武履约工作政治性、纪律性、专业性要求高的特点，分层分类开展培训工作，不断提高履约干部综合素质。

（供稿人：龙晗、陈超群）

海南省

组织协调

海南省工业和信息化厅分管厅领导多次组织海南省禁化武办对年度禁化武履约工作进行专题研究和部署。2020年4月，《海南省工业和信息化厅关于加强监控化学品生产监督管理 切实做好2020年禁止化武履约工作的通知》印发。

2020年，海南省禁化武办组织履约企业学习《公约》《条例》《细则》《接受禁化武组织现场工作规范（试行）》《禁止化学武器组织宣布手册（2013）》《全国监控化学品统计报表制度》等履约法规和相关文件，全面准确掌握宣布要求，熟练使用电子宣布系统，认真核对宣布信息，确保数据宣布准确无误，按时上报。

数据宣布与接受视察

2020年，在我国向禁化武组织提交的2019年过去活动年度宣布中，海南省有宣布设施2个。

2020年，禁化武组织没有对海南省进行国际视察。

监督管理

根据国家禁化武办的工作部署，海南省禁化武办进一步加强事中事后监管，结合海南省禁化武履约工作特点，重点组织对全省监控化学品企业抽查和监督检查，进一步查缺补漏，督促企业加强管理、规范生产，对全省企业开展禁化武2020年度预计宣布有关统计工作。

宣传

海南省禁化武办深入开展《公约》生效 23 周年、第 5 个国际禁止化学武器组织日系列宣传活动。根据国家禁化武办工作部署，围绕宣传主题制定、印发宣传工作方案。采取在政府网站、工信微报等媒体平台开设宣传专栏，通过网上宣传、现场海报展示、组织学习、集体签名等方式开展宣传主题为"禁止化武，造福人类"活动，积极向社会公众宣传化学武器的危害性，宣传我国的履约贡献和成绩。活动期间，共制作各类墙报、板报 40 多块，组织企业、公众 300 余人次参加履约知识学习竞赛。积极向企业征求对《各类监控化学品名录》（修订征求意见稿）的意见，并向工业和信息化部产业政策与法规司反馈。

培训

海南省禁化武办组织全省 19 个市（县、区）工业和信息化主管部门和 3 家监控化学品企业共 50 多人，开展履约业务培训，切实加强履约队伍建设。积极参加国家禁化武办组织的会议和培训，参加国际组织后备人才队伍建设座谈会和全国禁化武履约研修班暨第 11 次国际视察演练。

专项工作

2020 年 7 月，海南省禁化武办根据国家禁化武办的通知，开展了对第三类监控化学品和含磷、硫、氟的第四类监控化学品"双随机、一公开"执法检查，按要求及时上报了列入调查范围的企业的相关情况。

（供稿人：王民、刘桂林）

重庆市

组织协调

重庆市禁化武办组织重庆市相关监控化学品企业学习《公约》《条例》《细则》相关内容，以及《接受禁化武组织现场视察工作规范（试行）》等履约法规和文件精神。

数据宣布与接受视察

2020 年，在我国向禁化武组织提交的 2019 年过去活动年度宣布中，重庆市有宣布设施 13 个。

2020 年，禁化武组织没有对重庆市进行国际视察。

监督管理

重庆市禁化武办协助 2 家企业及时申请第三类监控化学品特别生产许可延续，企业获得国家禁化武办颁发的新证；协助 1 家企业补办新建含磷、硫、氟的第四类监控化学品生产设施申请，获得了国家禁化武办的批复；协助 1 家企业成功申报监控化学品生产特别许可证书；核实了 1 家企业第三类监控化学品生产设施拆除情况、1 家企业第三类监控化学品生产设施拆除情况；指导 2 家新注册企业（工商营业范围含第二类监控化学品经营）判断是否需要办理第二类监控化学品经营许可。

宣传

重庆市禁化武办充分利用企业的报刊、广播、微博、微信等平台，通过宣传专栏、视频展播、悬挂横幅、张贴海报、发放宣传品等多种形式，宣传禁化武履约工作成就和履约工作者的精神风貌。利用重庆市经济和信息化委员会机关电子屏播放禁化武宣传短片。

培训

2020年8月，重庆市禁化武办参加国家禁化武办在北京市举办的全国禁化武履约综合培训；11月，参加了国家禁化武办在福建省厦门市举办的国际组织后备人才队伍建设座谈会，通过学习和培训，进一步增强了履约能力，提高了认识，推动了禁化武履约工作有序开展。

专项工作

重庆市禁化武办与多部门联合开展"双随机、一公开"执法检查，分别对2家企业进行了现场检查，检查结果在重庆市经济和信息化委员会网站进行公示；参与国家禁化武办对福建省1家企业的"双随机、一公开"执法检查；与山东省禁化武办相关人员现场交流，探讨监控化学品管理中遇到的新问题。

（供稿人：陈万明、尹玲）

四川省

数据宣布与接受视察

2020年，在我国向禁化武组织提交的2019年过去活动年度宣布中，四川省有宣布设施32个。

2020年，禁化武组织没有对四川省进行国际视察。

监督管理

四川省禁化武办按照《条例》《细则》有关规定，加强监控化学品设施建设、生产、经营、使用等活动的监督管理。按照国家禁化武办要求，四川省禁化武办按时完成 2019 年过去活动年度宣布和 2021 年预计活动年度宣布，对 4 家企业申请监控化学品生产设施建设、2 家企业申请延续生产特别许可、1 家企业申请办理监控化学品生产特别许可进行现场考核，并上报国家禁化武办审批，完成 3 家企业使用第二类监控化学品许可申请、1 家企业第二类监控化学品许可审批。

宣传

四川省禁化武办以"4·29 国际禁止化学武器组织日"为契机，组织监控化学品生产、经营、使用企业，通过网站、专栏、横幅、电子显示屏等多种形式，广泛宣传禁化武履约法规，提高社会各界对禁化武履约工作的认知度。

培训

2020 年 9 月，四川省禁化武办组织全省 21 个市（州）经济和信息化主管部门、15 个重点化工园区、近 40 家监控化学品企业相关负责人和具体经办人员，在成都市举办全省禁化武履约综合培训班，邀请专家重点解读《细则》，对国家禁化武办数据采集与宣布系统的使用、年度宣布及接受国际视察、监控化学品行政许可及监督检查等内容进行培训。

专项工作

四川省禁化武办组织开展监控化学品"双随机、一公开"执法检查，对 2 家企业开展检查。

（供稿人：罗明、刘代联）

贵州省

组织协调

2020 年，贵州省禁化武办根据国家禁化武办《2020 年履行〈禁止化学武器公约〉工作要点》，结合贵州省实际，制定了《贵州省禁化武办2020 年履约工作要点》；2020 年年初对全省数据宣布工作进行了安排部署，组织各市（州）禁化武履约主管部门做好履约企业年度数据宣布工作，并按时上报国家禁化武办；向国家禁化武办上报了贵州省"双随机、一公开"执法检查人员名单；完成监控化学品许可审批表格修订调查问卷；向国家禁化武办推荐履约历史口述人；完成《各类监控化学品名录》修订草案的意见征求；完善了履约通讯录；配合山东省禁化武办做好国家禁化武办《关于对〈禁止化学武器公约〉附表化学品行业发展的课题研究》的调研工作，并组织相关企业开展座谈交流。

数据宣布与接受视察

2020 年，在我国向禁化武组织提交的 2019 年过去活动年度宣布中，贵州省有宣布设施 3 个。

2020 年，禁化武组织没有对贵州省进行国际视察。

监督管理

贵州省禁化武办推进网上审批，将监控化学品有关事项纳入"全省通办""一窗通办"等行政服务，进一步优化行政服务，深化"放管服"改革，更新完善行政许可事项清单，组织各市（州）禁化武办完成对原宣布 2020 年暂停生产和已拆除的企业进行调查摸底。

宣传

贵州省禁化武办组织相关市（州）禁化武履约主管部门、各履约企业开展"4·29国际禁止化学武器组织日"宣传活动。各地结合实际宣传禁化武相关法律法规，利用官方网站、微博、微信等平台，紧扣宣传主题，利用张贴宣传画、开辟专栏、悬挂横幅、发放宣传资料和宣传品等方式进行广泛宣传，宣传取得了良好的效果。

培训

贵州省禁化武办注重业务学习，为进一步做好全省禁化武履约工作，积极参加国家禁化武办组织的各项业务培训；派员参加全国禁化武履约综合培训班、全国禁化武履约研修班暨第11次国际视察演练和国际后备人才队伍建设座谈会，提高了履约干部的综合素质和工作能力，取得较好的学习效果。

（供稿人：周珊）

云南省

组织协调

2020年，云南省禁化武办在国家禁化武办的指导帮助下，加强上下联动、内外沟通，认真落实履约各项工作。一是及时转发《国家禁化武办关于印发2020年履行〈禁止化学武器公约〉工作要点的通知》，指导全省开展禁化武履约工作；二是组织企业学习《禁止化学武器组织宣布手册（2013）》《全国监控化学品统计报表制度》，全面、准确掌握宣布要求，熟练使用电子宣布系统，圆满完成2021年预计活动年度宣布工作及有关情况的报告；三是协调指导 2 家企业退出监控化学品监管相关工作；四是联系云南省禁化武履约专家，按照推荐相关要求，向国家禁化武办推荐了 2 名禁化武履约历史口述人员。

数据宣布和接受视察

2020 年，在我国向禁化武组织提交的 2019 年过去活动年度宣布中，云南省有宣布设施 8 个。

2020 年，禁化武组织没有对云南省进行国际视察。

监督管理

为做好监控化学品生产企业的监管工作，进一步提高云南省禁化武履约工作水平，云南省禁化武办对相关市（州）的监控化学品企业履约情况进行调研。调研组采取实地查看、现场模拟视察、召开座谈会、查阅台账等形式，深入了解企业履约机制、生产经营、安全环保等情况，并与当地市、县（区）履约主管部门和企业负责人进行交流，进一步了解和掌握了全省监控化学品生产、使用企业情况，为今后的监管工作提供有力支撑。

宣传

以"4·29 国际禁止化学武器组织日"为契机，云南省禁化武办组织开展了以"携手共建一个无化武的世界"为主题的宣传活动。宣传活动紧紧围绕《公约》《条例》《细则》和我国禁化武履约工作等重点，充分利用大型展板、电子屏幕、短信平台等宣传媒介，使社会公众进一步增强履约意识及对禁化武履约工作的理解和支持，达到了预期目的。

培训

2020 年 9 月 23 日～ 25 日，云南省禁化武办举办了履约暨监控化学品监管综合培训班，各市（县、区）工业和信息化主管部门及履约企业相关负责人共 60 余人参加了培训。通过履约专家授课、企业经验分享等方式进一步增强企业和监管部门的履约意识，提高禁化武履约工作能力。参训学员一致反映，培训主题鲜明、内容丰富、注重实效，具有很强的针对性和实践性，对今后更好地开展禁化武履约工作具有重要的指导意义。

专项工作

根据《条例》《细则》要求，云南省禁化武办大力推进审批制度改革和"双随机、一公开"制度建设，于 2020 年 7 月 13 日～15 日，对 4 家监控化学品生产企业进行了"双随机、一公开"执法检查，在检查中发现个别企业对履约的重视程度不够、履约意识不强、履约制度不健全、管理粗放、缺乏对履约法规的学习、政策不清等问题，指导企业立行立改，从而提高了企业的履约能力和监控化学品的管理力度。同时将检查结果在云南省监管、督查平台，以及云南省信用信息一体化平台等系统上进行了公示。

（供稿人：戚东平、宋召勤）

西藏自治区

西藏自治区无监控化学品相关设施。

陕西省

组织协调

2020 年 10 月 21 日，陕西省禁化武办在西安市召开陕西省禁化武履约工作会，会议认真总结了近年来陕西省禁化武办的履约工作，宣贯了《公约》《条例》《细则》等相关法律法规和政策文件，并对之后的禁化武履约工作进行了部署。各市（区）禁化武办的负责同志、有关履约企业负责人和履约工作人员、相关院校和机构的履约专家及履约志愿者等 80 余人参加了会议。

为弘扬禁化武履约工作者的爱岗敬业精神，进一步激发禁化武履约工作人员的工作热情和进取精神，陕西省禁化武办组织了 2 个现场颁奖活动：一是对 2019 年度表现出色的 5 个先进集体和 12 名先进个人予以通报表扬，并向每个先进集体和先进个人颁发荣誉证书，以示鼓励；二是为在第二届全国"禁化武履约宣传作品征集活动"中陕西省 13 幅入选优秀作品的作者颁发了获奖证书和奖金，以肯定他们在禁化武宣传活动中的优异成绩。

数据宣布与接受视察

2020 年，在我国向禁化武组织提交的 2019 年过去活动年度宣布中，陕西省有宣布设施 26 个。

2020 年，禁化武组织没有对陕西省进行国际视察。

监督管理

按照国家禁化武办要求，陕西省禁化武办认真组织年度宣布工作，及时发文部署，指导企业填报，并经各级禁化武办审核。

按照《条例》《细则》等履约法律法规规定，陕西省禁化武办认真做好监控化学品管理，加大行政许可监管力度。一是对现有监控化学品认真监管，按照规定职责，督促企业按照要求做好监控化学品管理各项工作；二是对新增和停产企业进行密切关注，仔细摸排，掌握信息，确保企业及时按规定程序申报相关手续；三是完善网上监控化学品行政许可事项的各项资料。

宣传

陕西省禁化武办按照国家禁化武办部署，认真组织第 5 个 "4·29 国际禁止化学武器组织日" 宣传活动，受新冠肺炎疫情影响，以线上宣传为主。全省各市禁化武办和履约企业、相关高校积极参与，通过门户网站、电子屏、微信公众号、微博发布禁化武宣传海报和有关文章，全面宣传禁化武相关法律法规；利用电子显示屏持续播放禁化武宣传片；悬挂标语横幅，制作宣传展板，并组织全体干部职工观看。

陕西省禁化武办认真编写 2019 年度省履约报告，按时提交给国家禁化武办进行汇总。《西北信息报》在头版推出 "履约禁化武公约陕西在行动" 专题报道。《中国化工报》在头版刊登题为 "陕西推进禁化武履约工作" 的报道。

培训

2020 年 10 月，陕西省禁化武办在西安市组织召开陕西省禁化武履约培训会，邀请多位知名履约专家，从接受国际视察履约要点、数据宣布、《公约》化学品附表浅析等方面进行了为期 2 天的培训。各地市禁化武办负责人及相关企业的履约专员等 80 余人参加了培训。

2020 年 8 月，陕西省禁化武办参加国家禁化武办在北京市举办的全国履约工作综合培训班；11 月，参加国家禁化武办对浙江省宁波市企业的 "双随机、一公开" 执法检查。

（供稿人：赵亚茹）

甘肃省

组织协调

2020 年 9 月，甘肃省工业和信息化厅结合年度培训，组织各相关市

（州）和企业，认真回顾过去工作情况，找出存在的问题，提出今后的工作思路，为禁化武履约工作奠定坚实基础。

数据宣布与接受视察

2020年，在我国向禁化武组织提交的2019年过去活动年度宣布中，甘肃省有宣布设施10个。

2020年，甘肃省没有接受禁化武组织国际视察。

监督管理

一是认真做好数据宣布工作。及时下发通知，提出明确要求。在宣布工作过程中，抓落实，认真审核每家企业的数据。二是认真做好开展监控化学品生产特别许可证考核换证工作。考核1家第三类监控化学品生产企业、1家含磷、硫、氟的第四类监控化学品生产企业，并报工业和信息化部开展换证工作。三是根据《国家禁化武办关于开展监控化学品专项监督检查工作的通知》精神，对省内相关监控化学品企业下达通知，提出明确要求。在企业自查自纠的基础上，组织专家对8家企业进行专项检查。

宣传

在"4·29国际禁止化学武器组织日"通过发送短信方式，向广大市民宣传《公约》，加深社会对《公约》的认识。

（供稿人：李小军、刘伟）

青海省

组织协调

青海省履行《禁止化学武器公约》工作办公室设在青海省工业和信

息化厅，负责青海省履行《公约》的组织协调和日常工作。

数据宣布与接受视察

2020 年，在我国向禁化武组织提交的 2020 年过去活动年度宣布中，青海省有宣布设施 1 个。

2020 年，禁化武组织没有对青海省进行国际视察。

监督管理

加强省内监控化学品企业对《条例》《细则》的学习，指导企业提交监控化学品生产设施新（扩、改）建申请表和相关资料，联合地方工业和信息化主管部门对申请资料内容进行现场核实，顺利完成 2020 年度第二类监控化学品使用企业的证照发放工作，开展监控化学品生产企业摸底调查工作。

宣传

按照国家禁化武办工作安排，加强《条例》《细则》的宣贯和政策解读，结合新冠肺炎疫情管控工作要求，制定履约宣传工作方案，通过摆放展板、发放宣传册、电视台播放滚动消息、推送履约短信等方式，精心组织开展第 5 个 "4·29 国际禁止化学武器组织日" 宣传活动，切实将普及履约知识与提升禁化武履约工作水平和服务企业发展有机结合。

培训

积极争取省级禁化武履约专项资金，支持全省监控化学品企业履约建设、人才队伍和专家队伍培训等。根据《2019 年度干部教育培训工作方案》，青海省工业和信息化厅（青海省禁化武办）于 2020 年 10 月 20～23 日在西宁市开展全省禁化武履约暨监控化学品监管综合培训。邀请禁化武履约专家授课，从《条例》《细则》《接受禁化武组织现场视察工作规范（试行）》《禁止化学武器组织宣布手册（2013）》《国家禁化武办关于印发 2020 年履行〈禁止化学武器公约〉工作要点的通知》等履约法规和政策文件、年度宣布注意事项及统计调查制度填表说明等方面进行了为期 4 天的授课。本次培训进一步增强了监控化学品企业落实企业履约主体责任的意识，提升了工业和信息化主管部门的履约能力。

专项工作

会同属地工业和信息化主管部门对 1 家第二类监控化学品使用企业、1 家含磷、硫、氟的第四类监控化学品生产企业的在建设施开展现场检查，督促企业加强对《公约》《条例》《细则》的学习，指导企业按照履行《公约》工作要求，完善《视察前情况介绍》、生产原始记录、原材料出入库等资料。

（供稿人：杨浩祥、陶宏伟）

宁夏回族自治区

组织协调

2020 年，宁夏回族自治区禁化武办（以下简称宁夏禁化武办）组织召开全区禁化武年度工作会议，总结 2019 年禁化武履约工作，传达全国禁化武履约工作情况及工作要点，安排部署了 2020 年全区重点禁化武履约工作任务，并对各市工业和信息化局相关业务人员开展了业务指导和培训，进一步夯实宁夏回族自治区的禁化武履约工作基础。

数据宣布与接受视察

2020 年，在我国向禁化武组织提交的 2019 年过去活动年度宣布中，

宁夏回族自治区有宣布设施 20 个。

2020 年，禁化武组织没有对宁夏回族自治区进行国际视察。

监督管理

严格执行行政审批制度。宁夏禁化武办按照《条例》《细则》，进一步完善监控化学品生产设施新（改、扩）建的初审、竣工验收和生产特别许可的考核工作，规范工作流程，明确工作程序。在日常行政审批管理工作中，宁夏禁化武办严格按照《条例》《细则》的要求，推进各项工作。一是认真抓好监控化学品新（改、扩）建设施审核工作，完成 6 项含磷、硫、氟的第四类监控化学品新建设施申报、初审和报批工作，并获得国家禁化武办的批复。二是认真做好生产特别许可考核工作。组织专家对企业进行实地查验、现场考核，完成 2 家企业生产特别许可的审核、报批工作。三是认真指导企业做好设施拆除上报工作。针对 1 家企业生产含磷、硫、氟的第四类监控化学品设施进行拆除的情况，宁夏禁化武办及时指导企业做好拆除期间有关监控化学品生产数据、影像资料等的保存工作，并多次到现场指导调研，在设施拆除完毕后，及时报告国家禁化武办。

严格执行《条例》《细则》。一是进一步加大日常监管力度。按照《条例》《细则》规定，宁夏禁化武办对自治区内监控化学品企业的生产、加工、消耗数据进行定期统计监测，针对引入化工项目较多的市（区）进行了多次专项业务指导，进一步强化了各市工业和信息化主管部门的属地监管职责，提高了业务人员的业务技能水平。二是指导企业建章建制、健全履约架构。责成各相关企业成立禁化武履约工作机构，明确专人负责，按《公约》《条例》要求做好禁化武履约工作，包括完善基础资料、保存和记录日报表、月报表、出入库台账等原始资料，指导企业制定监控化学品管理制度和接受禁化武组织国际视察预案等，将禁化武履约工作融入日常生产工作中。随着监管力度的加大，企业的运营制度得到了规范，企业的履约水平得到了提高，企业的基础管理能力得到了提升。三是强化服务意识，简化行政审批流程。在自治区层面开展了行政审批流程简化工作，按照《细则》，对涉及监控化学品的行政审批事项进行了全面梳理，规范行政审批程序，精简附件资料，整合行政审批事项，删减非必要的环节，提升行政审批效率。在日常审批过程中，一次性告知企业所有需要完善和补充的资料，主动帮助企业进行整改，确保申报资料的质量并坚持特事特办，重大项目争取国家禁化武办和相关单位的支持，将管理与服务相结合，将管理融入服务之中。

开展常态化日常管理。宁夏禁化武办将监控化学品生产企业的监督管理工作与处室日常工作紧密结合，在企业调研时，对禁化武履约工作开展情况进行了解和督导，当场指出现场发现的问题，要求企业进行整改。对于调研过程中发现的新建监控化学品设施，及时进行普法宣传，要求企业依法依规办理相关行政审批手续，确保依法合规建设、生产。

宣传

积极开展履约宣传作品征集工作。根据国家禁化武办的安排，宁夏禁化武办积极动员有关企业参与履约作品征集工作，选送海报至国家禁化武办。企业参与这项活动后，加深了对《公约》的理解，今后会更加支持禁化武履约工作。

积极开展"4·29国际禁止化学武器组织日"宣传活动。自治区内监控化学品生产企业积极参与，通过微信工作群、企业网站、电子屏、展板等渠道，采用印发海报、宣传册等方式开展了宣传活动。宁夏化学分析测试学会和北方民族大学联合开展了"4·29国际禁止化学武器组织日"宣传活动，向学生发放了宣传资料。一系列的宣传活动进一步增强了社会公众的履约意识及对禁化武履约工作的理解和支持，取得了良好的宣传效果。

培训

组织各市工业和信息化主管部门业务人员开展禁化武专项培训。宁夏禁化武办通过下发培训材料，对各市工业和信息化主管部门具体办理监控化学品事项的工作人员进行业务培训，特别是针对相对薄弱的新建设施审批、生产特别许可考核、现场检查工作技能进行专项辅导，切实提高了各市工业和信息化主管部门的工作人员的业务能力。

专项工作

开展"双随机、一公开"执法检查工作。为进一步加强监控化学品管理，夯实履行《公约》工作基础，促进监控化学品企业健康发展，2020年宁夏禁化武办开展了1次"双随机、一公开"执法检查，通过检查，提出整改意见，督促企业限时完成整改，及时帮助企业完善监控化学品的管理制度。

（供稿人：孙雯婷）

新疆维吾尔自治区

组织协调

2020年，经新疆维吾尔自治区人民政府批示同意，建立新疆维吾尔自治区履行《禁止化学武器公约》厅际联席会议制度，联席会议下设办公室，办公室设在新疆维吾尔自治区工业和信息化厅。

新疆维吾尔自治区禁化武办积极协调各厅际联席会议成员单位，认真贯彻国家禁化武办的部署工作，全面推进各项禁化武履约工作落实。按要求提交宣布数据，摸清新疆维吾尔自治区禁化武履约工作底数；

积极组织各地市（州）工业和信息化主管部门和相关企业学习禁化武履约相关文件。

数据宣布与接受视察

2020 年，在我国向禁化武组织提交的 2019 年过去活动年度宣布中，新疆维吾尔自治区有宣布设施 24 个。

2020 年，禁化武组织没有对新疆维吾尔自治区进行国际视察。

监督管理

新疆维吾尔自治区禁化武办严格按照《条例》《细则》规定，依法加强对监控化学品设施建设、生产、经营、使用等活动的管理，进一步规范禁化武履约工作。一是切实做好生产特别许可初审工作。在企业申报基础上，对 1 家第三类监控化学品生产企业和 1 家含磷、硫、氟的第四类监控化学品生产企业申（换）领特别生产许可证申请进行量化考核，企业均通过考核。二是根据部分生产、使用监控化学品企业实际，申请自 2021 年调整 4 家企业数据宣布，取消 2 家、新增 2 家。三是积极组织自治区相关生产、监控化学品企业进行自查，做好国家禁化武办"双随机、一公开"执法检查工作。四是加强自治区监控化学品企业互联网发布信息的管理。经排查，截至 2020 年年底，暂未发现有企业违规发布虚假信息。

宣传

新疆维吾尔自治区禁化武办积极开展《公约》正式生效 23 周年和第 5 个"4·29 国际禁止化学武器组织日"宣传纪念活动，通过电子显示屏播放禁化武组织视频、张贴国家禁化武履约海报、陈列自治区禁化武履约工作展板等多种形式开展普法宣传；积极组织各厅际联席会议成员单位、地市（州）工业和信息化主管部门、履约企业开展多种形式的宣传活动，进一步增强各单位和企业的禁化武履约工作责任感。

培训

为不断提升禁化武履约工作人员的业务能力，积极选派禁化武履约工作人员参加国家禁化武办组织的培训，了解国内外禁化武工作动态，参与新疆生产建设兵团对 1 家监控化学品生产企业的设施竣工验收，学习借鉴其他省（自治区、直辖市）好的做法和经验，努力提升新疆维吾尔自治区禁化武履约工作水平。

（供稿人：吴凡）

新疆生产建设兵团

组织协调

为切实做好兵团履行《公约》相关工作，加强部门间的协调配合，全面完成履约各项任务，自 2019 年 12 月起，经兵团分管领导同意，建立了由新疆生产建设兵团工业和信息化局负责同志为召集人，兵团公安局、财政局、生态环境局、交通运输局、商务局、市场监督管理局、外事办公室、应急管理局等部门为成员单位的兵团履行《禁止化学武器公约》联席会议制度。

数据宣布与接受视察

2020 年，在我国向禁化武组织提交的 2019 年过去活动年度宣布中，新疆生产建设兵团有宣布设施 10 个。

2020 年，禁化武组织没有对新疆生产建设兵团进行国际视察。

监督管理

2020 年 10 月 29 日～30 日，新疆生产建设兵团工业和信息化局邀请了 5 名专家对 1 家企业开展竣工验收和生产特别许可的初审，并将竣工验收的初审意见以兵工信监控建验审字〔2020〕1 号文件上报国家禁化武办。在日常监督管理方面，兵团重点抓好 3 个方面的工作：一是持续完善制度建设；二是积极服务企业，通过现场指导、政策解读等方式做好服务工作，督促企业做好新（改）建申请初审、生产特别许可现场考核、使用经营审批新建含磷、硫、氟的第四类监控化学品备案工作；三是积极做好防扩散工作。

宣传

加强履约法规普法的工作。将《公约》《条例》《细则》等法规的普法宣传融入履约和监管工作的各个环节并贯穿始终。以履约相关企业为重点，加大普法宣传力度和深度，切实做到进厂区、进车间、进班组，确保完成履约的各项任务。

培训

2020 年，新疆生产建设兵团工业和信息化局在新疆生产建设兵团广播电视大学学术交流中心举办了兵团禁化武履约工作培训班，邀请 2 位专家分别对法规和相关工作情况进行了讲解和介绍，兵团有关部门和市（师）工业和信息化部门、企业代表参加了培训。

加强干部队伍建设。联席会议成员单位认真落实《国务院办公厅转发化工部关于做好〈禁止化学武器公约〉履约准备工作意见的通知》（国办发〔1994〕53 号），分层分类开展了培训工作，不断提高履约干部的综合素质。

专项工作

2020 年 10 月，按照国家禁化武办《关于在新疆开展监控化学品"双随机、一公开"执法检查的通知》要求，配合国家禁化武办对 1 家监控化学品企业开展"双随机、一公开"执法检查，针对检查中发现的问题，督促企业整改落实。

（供稿人：范雄斌）

China 企业篇

中国履行《禁止化学武器公约》报告（2020）

乐天化学（嘉兴）有限公司

企业概况

乐天化学（嘉兴）有限公司始建于 2010 年 5 月，前身是湖石化学（嘉兴）有限公司，是隶属于韩国乐天集团的化工企业，属外资企业。公司通过了 ISO 9001 质量管理体系认证、ISO 14001 环境管理体系认证和 OHSMS 职业健康安全管理体系认证，是第三类监控化学品和含磷、硫、氟的第四类监控化学品生产企业。

履约日常工作

加强组织领导。公司成立了履行《公约》工作领导小组，由公司总经理担任组长并组织日常工作，生产部主要负责数据审核及对外宣布工作，并负责禁化武履约工作外部联络及各工作小组间的协调对接，共设有 4 个工作小组，分别为数据组、工艺技术组、设备安全组和后勤接待组：数据组负责编排和实施生产计划、负责公司的数据统计及申报工作，编制产品的产量、销售和储存，以及原料的购入、消耗和储存汇总表，编制接受国际视察需要的全部资料；工艺技术组负责绘制核对工艺流程图、设备平面布置图，检查、核实各建筑物的号牌、现场设备流程号，协助设施代表核实编制视察前的情况介绍；设备安全组负责各车间设备的正常运行，杜绝跑、冒、滴、漏等情况发生，确保车间环境良好，核实现场设备布置、设备编号、取样口等与图表是否一致；后勤接待组负责服务工作和组内联系工作，包括配合其他部门核实建筑物编号、视察路线，准备引导标牌、隔离设施，保障环境卫生，接待和布置会场等。

加强培训宣传。定期组织培训，宣传履行《公约》的责任和义务，提高履约管理能力。

加强制度建设。建立健全监控化学品的监管制度，严格执行监控化学品统计申报制度和储运管理规章制度，对各相关部门进行规范化、制度化管理，明确责任并落实到个人。

加强部门联动。各部门定期进行履约交流，充分协调配合，每年开展迎检自查，更新视察前的介绍情况，完善视察预案。

加强数据审核。生产科的统计人员形成相关的每日、每月、每年的数据收集与汇总，在生产台账、出货台账等方面实行多人互相核实的方式，做到现场实物与台账数量一致。认真做好禁化武年度宣布和预计宣布工作，确保内容完整，准确无误。

接受视察情况

2020 年 1 月 12 日～18 日，公司顺利通过禁化武组织的现场视察。

（供稿人：汪鹏）

浙江蓝天环保高科技股份有限公司

企业概况

浙江蓝天环保高科技股份有限公司是中化集团成员企业，成立于 2000 年 11 月，建有 4 套含磷、硫、氟的第四类监控化学品生产装置，主要产品为三氟二氯乙烷、五氟乙烷、六氟丙烷等。公司拥有雄厚的技术力量、先进的生产设备，在技术上精益求精，在管理上要求严格，已通过 ISO 9001 质量管理体系、GB/T24001 环境管理体系和 GB/T28001 职业健康安全管理体系认证。

履约日常工作

公司高度重视禁化武履约工作，设立禁化武履约领导小组和工作小组，明确了负责人、设施代表、候补设施代表、数据申报人及其相关的职责，制定了国际视察接待预案，明确了各职能部门的工作职责。为确保禁化武履约工作顺利开展，公司制定了监控化学品管理制度、安全生产制度、事故应急处理预案等管理制度。公司具有完整的工艺、设备、安全、环保等技术档案，具有规范的工艺操作规程，有能满足生产且维护完好的生产设备、计量器具、检验设备、三废处理和消防设施等。

监控化学品日常管理要做到以下 4 个方面。一是要认真做好监控化学品数据宣布工作。为确保原始数据的真实性和准确性，凡是生产记录、统计报表上显示的数据都是从计量仪表、计量器具上抄录下来的数字，并由专人进行统计、核对、上报，每年年初按时完成年度数据宣布工作。二是要确保计量器具的准确性和有效性。计量器具是最重要的劳动工具，计量是控制生产过程工艺参数、确保产品质量的主要技术措施。公司非常重视生产车间计量器具的管理，定期对计量器具进行校检，以确保计量器具的准确有效。三是加大对各岗位人员的培训力度。严格要求各岗位人员认真执行操作规程，生产管理部门认真监督，定期检查。四是规范现场管理。生产区域各车间岗位人员每 2 小时进行一次巡视检查，并加装视频监控系统，相关巡检记录都要存档。物料移交手续完备、环环相扣。公司具有齐全、清晰的岗位操作记录及原料、产品分析记录，存有完整的原料的出入库台账、出入库单、购买原始凭证及产品的出入库台账、出入库单、销售原始凭证、销售台账，做到账账相符、账物相符。

接受视察情况

2020 年 1 月 12 日～18 日，公司顺利通过禁化武组织的现场视察。

（供稿人：潘柯君）

吉林市北方荟丰工贸有限公司

企业概况

吉林市北方荟丰工贸有限公司为民营企业，成立于 2009 年。厂区内水、电、蒸汽等各项公用工程配套完善，通信设施健全，占地面积为 1 万平方米。公司拥有一套宣布的年产 3000 吨乙醇胺的生产装置。该装置采用间歇工艺生产三乙醇胺混合产品，共有 3 个规格，三乙醇胺含量分别为 70%、80%、85%。公司还拥有一个非离子表面活性剂装置，目前生产二甲基烯丙醇聚氧乙烯醚和异戊烯醇聚氧乙烯醚两种产品，年产量 3 万吨。

履约日常工作

公司高度重视禁化武履约工作，实行总经理负责制，建立了完备的监控化学品管理制度，加强各岗位员工在台账管理、数据核定、安全生产等方面的日常培训，确保及时准确地向各级禁化武主管部门报送数据。

接受检查情况

2020 年 11 月 16 日～ 18 日，公司顺利通过国家禁化武办组织的"双随机、一公开"抽查检查。

（供稿人：马力利、金龙）

吉林市磐石稼亨宝科技发展有限公司

企业概况

吉林市磐石拓金实业有限公司始建于 2008 年 8 月，为股份制企业。2019 年 9 月，公司更名为吉林市磐石稼亨宝科技发展有限公司，生产甲基二氯化膦和甲基亚膦酸二乙酯两种第二类监控化学品，其中，甲基二氯化膦是生产最终产品甲基亚膦酸二乙酯的中间化学品。

履约日常工作

公司高度重视禁化武履约工作，实行总经理负责制，建立了完备的监控化学品管理制度，及时做好数据的采集、申报工作，并完善视察预案。日常工作中，要求各岗位员工认真做好物料交接、原始记录的填写，以及数据统计工作。

接受检查情况

2020 年 11 月 16 日～18 日，公司顺利通过国家禁化武办组织的"双随机、一公开"抽查检查。

（供稿人：马力利、金龙）

福建龙翔实业有限公司

企业概况

福建龙翔实业有限公司成立于 2007 年 1 月，公司旗下有 4 家分公司，潭口厂区生产涉及含磷、硫、氟的第四类监控化学品，包括工业草酸（乙二酸）、草酸盐（二草酸钾、四草酸钾）等产品。其中工业草酸（乙二酸）产能 15 万吨 / 年，草酸盐产能 4000 吨 / 年。工业草酸生产体系于 2010 年 1 月通过 ISO 9001 质量管理体系认证。

履约日常工作

公司成立禁化武履约领导小组，建立了监控化学品相关管理制度，例如数据统计申报制度、监控化学品储存和保管制度、质量管理制度等。公司不定期开展多种形式的履约宣传活动，例如内部培训、微信公众号宣传。

接受检查情况

2020 年 11 月 24 日～ 25 日，公司顺利通过国家禁化武办组织的"双随机、一公开"抽查检查。

（供稿人：林慧蓉、余陈荣）

潍坊尚舜化工有限公司

企业概况

潍坊尚舜化工有限公司为山东尚舜化工有限公司的全资子公司，占地 187334.27 平方米，成立于 2010 年 10 月 15 日，主要生产橡胶助剂，现有 4 套橡胶助剂生产装置。

履约日常工作

潍坊尚舜化工有限公司高度重视监控化学品的日常管理，认真履行《公约》义务，遵守《条例》《细则》的规定。公司专门成立了禁化武领导小组，由总经理担任组长，分管经理担任副组长，成员由各车间部门主管担任，保障禁化武履约工作的顺利开展。公司制定了监控化学品数据统计申报制度、技术文件管理制度、监控化学品储运制度、质量管理制度等相关规章制度，保证监控化学品的管理有章可循，并定期进行培训，建立完善的生产、消耗、储存和销售台账，妥善保管台账和原始记录。公司制定了接待国际禁化武组织核查预案，明确了相关人员的职责和分工。

接受检查情况

2020 年 12 月 8 日，公司顺利通过国家禁化武办组织的"双随机、一公开"抽查检查。

（供稿人：郑月峰、田晓慧）

山西临汾染化（集团）有限责任公司

企业概况

山西临汾染化（集团）有限责任公司是由原山西临汾染料厂改制而成的。1960 年，原山西临汾染料厂建厂，现厂址位于山西省临汾市尧都区尧庙镇神刘村南。公司主要从事染料及中间体生产，主要产品有硫化黑染料、还原桃红 R 染料和染料中间体 2,4- 二硝基氯化苯。全厂设置硫化黑车间、桃红车间、二硝车间和废水处理车间等，其中，桃红车间中间工序的一氯化硫属于第三类监控化学品，硫化黑车间、桃红车间和二硝车间的产品属于含磷、硫、氟的第四类监控化学品。

履约日常工作

公司按照履约要求积极落实组织建设，成立以公司董事长为主要负责人、以公司总管生产的总工为设施代表、各职能部门主要领导及相关技术管理人员组成的禁化武履约工作领导小组。公司按照有关要求，编制了禁止化学武器组织视察预案及《视察前情况介绍》、监控化学品管理制度，并定期开展监控化学品相关法律法规培训。

公司根据监控化学品管理要求，对相关化学品的原料、产品、中间产品进行严格登记，对相关数据信息和库存量按照每日统计、每月盘点、每年核实的方式检查。

接受检查情况

2020 年 12 月 10 日，公司顺利通过国家禁化武办组织的"双随机、一公开"抽查检查。

（供稿人：刘志文）

宁波浙铁江宁化工有限公司

企业概况

宁波浙铁江宁化工有限公司成立于 2007 年 6 月 25 日，已通过质量、环境、职业健康安全管理体系认证。全厂设置甲醇钠及气分车间、顺酐车间、公用工程中心、储运中心、电仪车间等，其中，含磷、硫、氟的第四类监控化学品生产车间有 2 个。

履约日常工作

公司成立禁化武履约工作领导小组，编制《接受禁止化学武器组织视察预案》《监控化学品管理制度汇编》，定期开展与监控化学品相关的法律法规的学习和培训活动。

接受检查情况

2020 年 12 月 16 日～18 日，公司顺利通过国家禁化武办组织的"双随机、一公开"抽查检查。

（供稿人：李进喜）

茂名实华东成化工有限公司乙醇胺分公司

企业概况

茂名实华东成化工有限公司乙醇胺分公司于 2014 年成立，为独立法人机构，该分公司隶属茂名实华东成化工有限公司。

公司拥有 20000 吨 / 年乙醇胺生产装置，该装置通过调整原料氨与环氧乙烷的配比，同时生产一乙醇胺、二乙醇胺和三乙醇胺 3 种产品。三乙醇胺为第三类监控化学品。乙醇胺年生产能力为 20000 吨，其中，三乙醇胺产能最高可达 4400 吨 / 年（设计值）。

履约日常工作

乙醇胺分公司建立以厂长为组长、以全厂职工为组员的禁化武履约工作组，将禁化武履约工作融入生产、安全、销售与数据监督等工作中，建立专项制度，确保体系正常运行，如期做好"年生产数据"与"预生产数据"的数据统计宣布工作，定期组织职工学习履约法规、政策。同时在"4·29 国际禁止化学武器组织日"举办活动，宣传我国禁化武的工作成果。积极响应参加禁化武履约的学习与培训，学习借鉴国内外先进的履约做法，修正与整改公司存在的各项问题。日常工作中，强化装置生产数据的统计与管理并建档存档，确保数据经得起严查。做好仓库的管理工作，产品进出都要进行数据统计。监控产品的销售、售后情况，确保产品被合法销售给有资质的商家，并实时做好公司接待禁化武组织视察的准备工作。

接受检查情况

2020 年 12 月 22 日～ 23 日，公司顺利通过国家禁化武办组织的"双随机、一公开"抽查检查。

（供稿人：郑威，佘准，龙恒宇）

东莞市骏鼎达新材料科技有限公司

企业概况

东莞市骏鼎达新材料科技有限公司于 2017 年 3 月成立，属于独立法人机构。

公司从事单丝、编织网管、波纹管、热缩管、PVC 按扣套管等各种行业绝缘保护套管加工型业务。根据客户要求，极少数型号产品需要具有阻燃性能，这些产品主要在拉丝车间和烫带车间通过加入第二类监控化学品甲基膦酸二甲酯（Dimethyl Methylphosphonate，DMMP）和环状膦酸酯（Cyclic Phosphonate，CU）达到阻燃效果。2020 年，DMMP 的加工量达到 3.5 吨，CU 的加工量达到 10 吨。

履约日常工作

公司建立以厂长为组长、以全厂职工为组员的禁化武履约工作组，制定监控化学品管理制度，专人负责监控化学品收发、储存、使用管理，做好基础资料管理工作。定期组织履约法规培训，强化员工履约意识，提升公司履约能力。

接受检查情况

2020 年 12 月 24 日～25 日，公司顺利通过国家禁化武办组织的"双随机、一公开"抽查检查。

（供稿人：林建青、孙卫红）

China 支撑篇

中国履行《禁止化学武器公约》报告（2020）

工业和信息化部国际经济技术合作中心

单位概况

工业和信息化部国际经济技术合作中心（以下简称中心）是工业和信息化部直属事业单位，中心内设 10 个机构，主要职责包括开展工业和信息化领域国际经济技术发展和产业合作研究，发布国际经济技术交流与合作信息，为相关对外合作与交流提供支撑；与相关国际组织、境外机构和社会团体开展交流与合作，为工业和信息化部实施工业、通信业和信息化"引进来""走出去"战略提供支撑服务；开展双边、多边经济贸易规则和涉外法律研究，为工业和信息化领域应对经贸摩擦、解决争端和知识产权纠纷提供相关涉外法律服务；组织工业和信息化领域跨国经营管理、国际经贸规则、涉外法律及应对国际纠纷等专业培训；组织举办工业和信息化领域境内外相关国际性展览、国际会议和论坛；承办工业和信息化部交办的其他事项。目前，中心正围绕打造高质量的国际合作、政策研究、展览展示三大业务平台，着力推进我国工业、通信业和信息产业国际化进程，助力产业提升国际竞争力，服务两个强国建设。

履约工作

中心高度重视做好国家禁化武办履约相关支撑工作，集中优势研究力量，以服务我国禁化武履约工作和化工高质量发展为核心目标，以夯实履约基础、提高智力支撑能力为工作主线，完成履约支撑各项工作：一是开展课题研究，承担国家禁化武办委托的多项课题研究工作，为立法论证、履约决策和监控化学品监管等提供智力支撑；二是支撑履行《禁止化学武器公约》专家委员会换届及相关工作，组织专家力量，围绕履约热点问题进行研讨，形成报告供决策参考；三是开展履约青年人才培养，拓展青年专家的国际视野，加强企业履约能力建设；四是提供决策咨询，支撑国家禁化武办参加执理会及相关活动，密切跟踪国际最新动态，维护禁化武组织及缔约国文件数据库，为决策提供第一手参考资料；五是做好日常支撑，完成禁化武办交办的其他支撑工作。

（供稿人：黄琰童）

中国信息通信研究院

单位概况

中国信息通信研究院（原工业和信息化部电信研究院），前身为邮电部邮电科学研究院（始建于 1957 年），1994 年正式组院，为工业和信息化部直属科研事业单位，是国家在信息通信领域最重要的支撑单位及工业和信息化部综合政策领域主要依托单位。

六十多年来，中国信息通信研究院始终秉持"国家高端专业智库产业创新发展平台"的发展定位和"厚德实学，兴业致远"的核心文化价值理念，伴随着信息通信业的发展与改革，在发展战略、自主创新、产业政策、行业管理、技术标准、测试认证等方面积淀了丰厚的资源和经验，在政府决策和行业发展中，扮演了"重大决策支撑者、行业发展规划者、技术标准引领者、产业创新推动者、政府监管服务者"的角色，在国内外信息通信行业具有很高的声誉和影响力。近年来，围绕国家"网络强国"和"制造强国"战略，中国信息通信研究院在 5G、工业互联网、车联网、云计算、大数据、人工智能等方面进行深入研究与前瞻布局，在国家信息通信及信息化与工业化融合领域的战略和政策研究、技术创新、产业发展、安全保障等方面发挥了重要作用，有力支撑了"互联网+""制造强国""宽带中国"等重大战略与政策出台及各领域重要任务的实施。

履约工作

中国信息通信研究院高度重视国家禁化武办履约支撑工作，由强大的团队及完善的服务为支撑工作提供充分支持，2020 年重点完成了以下工作：一是开展相关调查研究，调查梳理我国各地禁化武办履约工作情况和机制建设情况，围绕目前地方禁化武履约工作中遇到的困难和存在的问题，提出策略建议；二是支撑研究禁化武履约形势变化情况，跟踪研究国际禁化武履约总体趋势和要求，为我国切实参与禁化武组织工作提供决策参考。

（供稿人：张婧）

中国电子信息产业发展研究院

单位概况

中国电子信息产业发展研究院是工业和信息化部直属单位，又称赛迪研究院，下设赛迪智库等18个研究所及赛迪集团等20家控股企业，赛迪智库致力于面向政府服务决策。赛迪智库政策法规所长期参与履约相关法规规章制度修订工作并为国家禁化武办提供法律咨询服务。

履约工作

一是支撑《各类监控化学品名录》修订工作。1996年5月15日，经国务院批准，原化学工业部发布《各类监控化学品管理名录》（化工部第11号令）（以下简称《名录》）。2019年11月，《公约》缔约国大会做出增列6类附表1监控化学品的决定。2020年1月，赛迪研究院接受国家禁化武办的委托，启动了支撑《名录》修订的工作：根据缔约国大会修订的内容和禁化武履约工作的要求，对《名录》文本进行修订，形成了《名录》修订初稿；按照《条例》《细则》等法规规章规定，以及监控化学品监管和禁化武履约工作的实际情况，对修订初稿进行修改完善，形成了《名录》修订征求意见稿；组织征求各地区、各部门意见，并对各地区、各部门的反馈意见进行认真研究，在此基础上对文本再次修改完善后形成《名录》修订送审稿，并提交国家禁化武办。二是支撑《条例》修订工作。2020年，《出口管制法》出台并生效，对出口管制工作提出了新的法律要求，《条例》中与出口相关的内容需要做出修订，《条例》也因此迎来了修订的契机。赛迪研究院接受国家禁化武办的委托，深入研究禁化武履约工作的实际问题，全面梳理了《条例》需要修订的内容，在行政许可制度健全与优化、第二类监控化学品监管、监控化学品进出口审批制度及法律责任等方面提出修订研究建议。根据研究成果，赛迪研究院撰写了《中华人民共和国监控化学品管理条例（修订建议稿）》及起草说明和研究报告，并在国家禁化武办的指导下，进行了多次修改和完善。对于第四类监控化学品定义问题，赛迪研究院还协助国家禁化武办调取相关立法档案，使相关研究更加客观、准确。三是支撑监控化学品行政许可材料修订工作。经过多年禁化武履约工作实践，监控化学品行政许可材料需要根据行政改革要求和"放管服"改革精神进行必要的调整完善。赛迪研究院根据国家禁化武办的委托，制作了监控化学品行政许可材料修订建议调查问卷，向各省级监控化学品主管部门发放。根据各单位反馈的意见，结合行政许可工作实际，共对 11 个行政许可表格提出了修改建议，并制作了意见采纳情况表和研究报告，提交至国家禁化武办。

（供稿人：陈全思、徐丹）

中国电子产品可靠性与环境试验研究所

单位概况

中国电子产品可靠性与环境试验研究所又名工业和信息化部电子第五研究所（以下简称电子五所）、中国赛宝实验室，1955 年成立，是中国最早从事电子产品可靠性研究与服务的研究所，开创了中国相关研究领域的诸多先河。

电子五所作为工业和信息化部直属单位，受部委托和授权，为部内行业管理和地方政府提供技术支撑，代表中国进行国际技术交流、标准和法规的制定；电子五所作为国家级科研院所，为国家、地方政府和相关单位提供专业支持；电子五所作为生产性服务业公共平台，为企业提供强有力的质量技术服务，服务领域涉及航空、航天、兵器、船舶、电子、机械、通信、交通、软件、能源、化工等众多领域。电子五所业务范围涵盖广泛，包括体系认证、产品检验、计量校准、元器件检测、失效性分析与破坏性物理分析、工艺与材料、环保技术、可靠性与环境试验、软件测评、信息安全、信息化监理、仪器设备与工具软件、标准与政策研究、技术培训等。

电子五所充分发挥人才优势，自 2015 年起建立了专业化的禁化武履约团队，团队成员有 5 名，包括 1 名博士和 4 名硕士，并选派 1 名团队成员长期借调至国家禁化武办，深度参与日常工作。

履约工作

一是编制和发行《中国履行〈禁止化学武器公约〉报告（2019）》，（以下简称《履约报告（2019）》）。自 2015 年以来，电子五所已连续编撰 5

版年度报告。《履约报告（2019）》收录了工业和信息化部领导在内的相关领导关于禁化武履约工作的讲话和活动，介绍了我国 2019 年禁化武履约工作的总体情况，记录了各级履约主管部门年度工作及相关企业履约情况，年度报告目前已经成为反映我国履约立场成就和工作成绩的标志品牌，具有丰富的参考价值和史料价值。

二是开展《公约》附表化学品进出口管理政策研究。该课题研究了亚洲、北美洲、欧洲等地区禁化武履约大国和中国附表化学品对外贸易比较频繁的缔约国关于附表化学品进出口管理的法律法规及政策文件，通过摸清各国关于附表化学品转让的管理规定，分析其管理制度的利弊，借鉴其管理制度的优势，同时结合中国附表化学品进出口管理规定和附表化学品进出口企业管理制度，提出我国关于附表化学品进出口管理的政策建议，为制定禁化武履约政策文件和修订监控化学品管理法规提供参考。

三是支撑国家禁化武办相关工作。电子五所继续派遣借调人员到国家禁化武办协助完成履约相关工作，借调人员在借调期间踏实肯干、主动担当作为，出色地完成了各项工作，表现突出，得到了国家禁化武办领导和同事的一致肯定。

（供稿人：孙秀敏）

中国农药工业协会

协会动态

中国农药工业协会（以下简称协会）成立于 1982 年 4 月，是中国化工行业最早成立的行业协会之一，是跨地区、跨部门、跨行业的具有独立法人资格的全国非营利性社团组织。在全体会员的共同努力下，协会队伍不断壮大，已经从初创时的 45 家会员单位发展到现在的 645 家会员单位，其中，包括以农药原药与制剂加工、农药中间体、农药助剂、农药包装材料、农药包装机械和施药机械为主的生产、科研、设计等企事业单位和大专院校及省（自治区、直辖市）农药（工业）协会。

协会重点工作包括落实政府宏观调控政策，加大产业结构调整力度；加强经济运行监测和热点问题研究，积极反映行业诉求；促进行业科技进步和技术创新，提高行业核心竞争力；担当实施行业自律职责，引导推动行业企业履行社会责任；大力开展大宗产品协作组工作，保持大宗产品持续发展；切实履行服务宗旨，搭建信息交流平台；加强对外交流与合作，不断扩大协会的国际影响力；加强协会自身建设，增强服务能力和水平等方面。

主要工作

根据《公约》的相关规定，监控化学品企业应向禁化武组织提交年度宣布并接受现场视察。鉴于部分农药原药产品属于含磷、硫、氟的第四类监控化学品，为切实推进农药原药企业禁化武履约工作，协会高度重视禁化武履约工作，通过多种途径开展支撑工作。

一是支撑国家禁化武办相关工作。选派相关人员借调到国家禁化武办，协助国家禁化武办开展禁化武履约相关工作，发挥好协会作为政府与企业、企业与企业之间的桥梁和纽带作用。

二是开展禁化武履约课题研究。部分原药产品属于含磷、硫、氟的第四类监控化学品，开展相关课题研究可为进一步加强监控化学品管理、做好禁化武履约工作提供理论和数据支撑。

（供稿人：张东生）

河北省监控化学品协会

协会动态

2020年，河北省监控化学品协会以视频会议方式召开理事会1次、常务理事会2次。

2020年8月，组织协会专家参加河北省禁化武办在河北省石家庄市举办的禁化武履约培训班。该培训班邀请了禁化武组织科学咨询委员会主席和河北省监控化学协会常务副理事长介绍国内外禁化武履约形势和动态情况。

主要工作

组织技术专家协助河北省禁化武办对河北省9家监控化学品企业进行了行政许可现场考核（核验）。配合河北省禁化武办对6家监控化学品企业开展"双随机，一公开"执法检查，协助河北省禁化武办在石家庄市举办了河北省禁化武履约培训班。

（供稿人：张翠）

辽宁省化工学会

协会动态

辽宁省化工学会成立于1972年，是学术性、公益性法人社会团体，辽宁省科协优秀科技社团，科技成果转移转化服务基地，辽宁省科协系统先进集体，承接政府转移职能与公共服务试点示范学会。

2020年，辽宁省化工学会在新冠肺炎疫情期间，号召各会员企事业单位集中力量生产口罩、消毒液等防疫物资，为疫情防控做出贡献；撰写《辽宁省硼产业科技发展报告》，提出制约发展的关键问题和关键技术清单等。全年发展个人会员200人、单位会员3家。

主要工作

2020年6月，组织禁化武履约专家协助辽宁省禁化武办完成1家企业的第二类监控化学品生产特别许可现场考核、2家企业的第三类监控化学品生产特别许可现场考核。2020年9月，组织禁化武履约专家协助辽宁省禁化武办完成1家企业的第三类监控化学品生产特别许可现场考核。

（供稿人：李爽）

四川省化工行业协会

主要工作

2020 年，四川省化工行业协会协助四川省禁化武办积极开展履约宣传工作，在深入企业调研、召开行业会议时，要求生产监控化学品的会员企业严格履行《公约》，认真贯彻落实《条例》《细则》；帮助企业完善《接受国际视察预案》和各项准备工作，协助企业做好生产、储存、销售等原始记录、报表、台账的分类与保存；参与监控化学品生产设施建设许可、生产特别许可、经营使用许可现场考核。

（供稿人：周德康、蒙祥超）

河北科技大学

单位概况

2019 年，河北科技大学在国家禁化武办的指导下成立了化学安全与履约技术研究中心，化学安全与履约技术研究中心是我国高校唯一建立的《公约》履约技术与策略相关的技术研究机构。研究内容为化学安全与《公约》相关的科学技术与策略，对维护国家化工医药产品生产链安全和监控化学品生产企业正常运行具有重要的意义。

履约工作

完成了工业和信息化部课题"高活性原料药 HAPIs 与《禁止化学武器公约》履约研究"。在本课题结题报告中，拟定了 HAPIs 认定标准；建立了国内 HAPIs 及其生产企业目录；确定了基于 HAPIs 中芬太尼类和抗癌细胞毒类药物的分析检测方法；为 HAPIs 生产企业的安全、健康、环保工作理念和实施措施提供建议；总结了 HAPIs 与我国履约政策的相关性联系，提出建议及对策。

完成了中心实验室建设。河北科技大学对中心实验室加大建设力度，主要包括购置 ICP-MS、超纯水制备机（ppt 级别）、离子色谱仪、气相色谱仪、液相色谱仪；为 ICP-MS 改造千级洁净测试室，设置专门放气相、液相、离子色谱等仪器的仪器室、化学实验室和工作室，占地约 200 平方米。

参加禁化武组织科学咨询委员大会。孙凤霞教授于 2020 年 1 月在禁化武组织科学咨询员会竞选中成功当选委员，并在线参加在荷兰海牙召开的第 29 届和第 30 届科学咨询委员会。

联合监控化学品企业开展履约相关工作。研究中心基于《公约》，联合 3 家公司研发了一种清洁生产技术，获得 2020 年河北省科学技术进步奖二等奖。

（供稿人：孙凤霞）

China 附 录

中国履行《禁止化学武器公约》报告（2020）

附录一　2020 年中国履约大事记

1 月

12 日～18 日　乐天化学（嘉兴）有限公司和浙江蓝天环保高科技股份有限公司分别接受禁化武组织第三类和第四类监控化学品生产设施现场视察。

15 日～18 日　中日双方就 2020 年哈尔巴岭日遗化武销毁、运输作业计划和武汉新建污染物保管库等议题进行磋商。

2 月

2 月下旬～3 月中旬　中国两家禁化武组织指定实验室参加禁化武组织第 5 次生物医学样品分析测试。

3 月

9 日　国家禁化武办印发《2020 年履行〈禁止化学武器公约〉工作要点》（禁化武办发〔2020〕16 号），要求各省级禁化武办结合本地实际，突出重点，认真抓好各项任务落实，开创禁化武履约工作新局面。一是强化责任意识，履行《公约》义务；二是强化监督管理，夯实履约基础；三是强化普法宣传，凝聚履约共识；四是强化国际合作、维护履约利益；五是强化队伍建设，提升履约能力。

10 日　禁化武组织第 93 次执理会在荷兰海牙开幕。中国驻荷兰大使兼常驻禁化武组织代表徐宏率团参会。徐大使在一般性辩论中发言，就日遗化武销毁、叙利亚化武与化武使用追责、禁化武组织行政与财务咨询委员会议事规则修订等问题阐述了中方立场和主张。徐大使指出，销毁化学武器是《公约》的核心目标，敦促目前唯一的化武拥有国尽快完成销毁；日遗化武销毁总体进程严重滞后，对中国人民的生命财产和环境构成现实威胁，敦促日方切实履行遗弃国责任，加大投入推进销毁进程，并妥善处理土壤污染等突出问题。

23日　中国向禁化武组织提交中国2019年度国家防备化学武器方案、第一类监控化学品合成实验室过去活动年度宣布。

31日　中国向禁化武组织提交中国民用工业设施2019年过去活动年度宣布。

4月

1日　国家禁化武办启动《中国履行〈禁止化学武器公约〉报告（2019）》的编撰工作。

7日　国家禁化武办颁发2020年第一批监控化学品生产特别许可证。

15日　国家禁化武办对2019年过去活动年度宣布有关情况进行通报。

22日　工业和信息化部时任部长苗圩主持第15次部务会议，会议审议通过修订后的《各类监控化学品名录》。

29日　工业和信息化部时任部长苗圩为即将出版的《中国履行〈禁止化学武器公约〉报告（2018）》撰写题为《履行禁化武公约 推动构建人类命运共同体》的署名文章。他表示，中国将一如既往，与世界人民同仇敌忾、同舟共济，携手共建一个无化武的世界，使化学领域成就完全用于造福人类，推动构建人类命运共同体，早日迎来一个持久和平、普遍安全、共同繁荣、开放包容、清洁美丽的世界。

29日　国家禁化武办发布2020年国际禁止化学武器组织日宣传海报两幅。

5月

9日　国家禁化武办对2019年度监控化学品进出口宣布有关情况进行通报。

27 日 国家禁化武办组织《中国履行〈禁止化学武器公约〉报告（2019）》初稿审稿会。

6 月

3 日 工业和信息化部时任部长苗圩签署中华人民共和国工业和信息化部令第 52 号，公布《各类监控化学品名录》，原化学工业部 1996 年 5 月 15 日公布的《各类监控化学品名录》（化学工业部令第 11 号）同时废止。

3 日 国家禁化武办启动 2021 年预计活动年度宣布有关工作。

8 日 国家禁化武办通过外交途径向禁化武组织提交修订后的《各类监控化学品名录》。

9 日 国家禁化武办颁发 2020 年第三批监控化学品生产特别许可证。

24 日 国家禁化武办颁发 2020 年第四批监控化学品生产特别许可证。

7 月

6 日 中国代表团参加在荷兰海牙召开的禁化武组织第 94 次执理会。中国常驻禁化武组织副代表张慎参赞率团参会并发言，就叙化武、日遗化武销毁、行财理事会议事规则修订等问题阐述了中方的立场和主张。

22 日 国家禁化武办颁发 2020 年第五批监控化学品生产特别许可证。

8 月

17 日～21 日 国家禁化武办赴广东省进行监控化学品低浓度阈值调研。

26 日～28 日 国家禁化武办在北京市举办全国禁化武履约综合培训班，31 个省（自治区、直辖市）禁化武履约主管部门等单位近 50 名同志参加了培训。培训班内容设置丰富，围绕工作总结、新问题分析、下一步展望 3 个环节开展，以依法行政提升行政许可工作规范化水平为重点，分享经验、深入研讨，达到了较好的培训效果。

9月

1日　国家禁化武办颁发2020年第六批监控化学品生产特别许可证。

3日　中国向禁化武组织提交2021年第一类监控化学品合成实验室预计活动年度宣布。

10日　国家禁化武办启动2020年第三类和第四类监控化学品"双随机、一公开"抽查工作。

21日　国家禁化武办颁发2020年第七批监控化学品生产特别许可证。

21日～25日　国家禁化武办赴上海市、江苏省进行监控化学品低浓度阈值调研。

23日　中国、日本和禁化武组织以视频会议方式举行第32轮日遗化武三方磋商，三方讨论了日遗化武托管库情况、日遗化武销毁设施基建情况及恢复托管库核查可能性等问题。外交部、国防部派员参会。

10月

5日　禁化武组织就工业问题磋商举行线上磋商，国家禁化武办派员参会。

6日　禁化武组织第95次执理会在荷兰海牙开幕，中国常驻禁化武组织副代表张慎参赞率团参会并发言，就叙利亚化武、日遗化武销毁、禁化武组织预算等问题阐述了中方立场和主张。

10日～24日　中方实施呼伦贝尔、通化、龙井、沈阳运输路线调查作业。

10日～25日　经中日双方商定，中方在哈尔滨销毁场实施日遗化武污染物分类作业，共整理污染物453件。

11日～11月25日　经中日双方商定，中方实施石家庄至哈尔滨、哈尔巴岭污染物运输作业，共运输污染物2474件。

19日　国家禁化武办启动2020年过去活动年度宣布工作，对2021年预计活动年度宣布有关情况进行通报。

中下旬　中国两家禁化武组织指定实验室参加禁化武组织第48次环境样品分析测试。

26日　国家禁化武办颁发2020年第八批监控化学品生产特别许可证。

11月

2日～9日　中方对黑龙江省牡丹江市和吉林省敦化市日遗化武新发现点实施了金属探测和现场勘察。

2日～12月1日　经中日双方商定，中方实施杭州、南京、安庆、长沙、岳阳、当阳6地至武汉日遗化武运输作业，共运输日遗化武（含疑似）309枚（件），污染物47件。

3日～4日　外交部派员在线参加禁化武组织解决保密争端委员会第23次年会视频会议。

4日～5日　工业和信息化部安全生产司（国家禁化武办）在江苏省太仓市举办了全国禁化武履约研修班暨第11次国际视察演练，全国政协经济委员会副主任、工业和信息化部原副部长刘利华到会作开班动员。研修班课程丰富，重点围绕国际视察演练、禁化武组织概况、中国禁化武履约工作概况、地方主管部门在禁化武履约工作中的作用、关于国家化学安全的思考等主题开展培训。

10日　国家禁化武办颁发2020年第九批监控化学品生产特别许可证。

12日～20日　中方在湖南省衡阳市和岳阳市对公安部门收缴的46枚（件）废旧炮弹实施了外观鉴别和X光鉴定，初步确认疑似日遗化武29枚（件）。

16日～18日　国家禁化武办随机选派执法检查人员组成检查组，对吉林市北方荟丰工贸有限公司和吉林市磐石稼亨宝科技发展有限公司进行了"双随机、一公开"现场检查。

17 日　国家禁化武办派员参加禁化武组织在线召开的第 7 次化工界和国家履约机构会议。

23 日～25 日　国家禁化武办派员参加禁化武组织在线召开的第 22 届国家履约主管部门会议。

24 日　国家禁化武办颁发 2020 年第 10 批监控化学品生产特别许可证。

24 日～25 日　国家禁化武办随机选派执法检查人员组成检查组，对福建龙翔实业有限公司进行了"双随机、一公开"现场检查。

30 日　《公约》第 25 次缔约国大会一期会在荷兰海牙开幕，中国常驻禁化武组织副代表张慎参赞率团参加大会并发言，就库存化武及日遗化武、叙利亚化武、执理会成员选举、外部审计员任命等问题阐述了中方的立场和主张。

12 月

上旬　中国两家禁化武组织指定实验室参加禁化武组织第 5 次生物毒素样品分析演练。

7 日～9 日　中方在广东省广州市对 2013 年 9 月发现并保管于广州托管库的 1 枚（件）废旧炮弹实施了外观鉴别、X 光鉴定和密封包装，初步确认为疑似日遗化武。

8 日～10 日　国家禁化武办随机选派执法检查人员组成检查组，对潍坊尚舜化工有限公司和山西临汾染化（集团）有限责任公司进行了"双随机、一公开"现场检查。

16 日～18 日　国家禁化武办随机选派执法检查人员组成检查组，对宁波浙铁江宁化工有限公司进行了"双随机、一公开"现场检查。

20 日　中国向禁化武组织提交哈尔巴岭、哈尔滨、石家庄、南京 4 个日遗化武托管库，以及宣布杭州、安庆、武汉、长沙、岳阳、当阳 6 个日遗化武临时托管库的更新。

21 日　中国、日本和禁化武组织以视频会议方式举行第 33 轮日遗化武三方磋商，讨论了日遗化武销毁计划、2021 年视察计划等问题。外交部、国防部派员参会。

22 日～ 25 日　国家禁化武办随机选派执法检查人员组成检查组，对茂名市实华东成化工有限公司和东莞市骏鼎达新材料科技有限公司进行"双随机、一公开"现场检查。

23 日　国家禁化武办颁发 2020 年第十一批监控化学品生产特别许可证。

25 日　国家禁化武办通过外交途径澄清 2018 年、2019 年中印之间监控化学品进出口数据误差。

30 日　国家禁化武办完成禁化武组织关于我国相关宣布数据的核实及答复。

31 日　新增列的 4 项第一类监控化学品列入《两用物项和技术进出口许可证管理目录》。

附录二　2020年中国履约文件选编

中华人民共和国工业和信息化部令

第 52 号

《各类监控化学品名录》已经于 2020 年 4 月 23 日工业和信息化部第 15 次部务会议审议通过，并报国务院批准，现予公布，自公布之日起施行。原化学工业部 1996 年 5 月 15 日公布的《各类监控化学品名录》（化学工业部令第 11 号）同时废止。

附件：各类监控化学品名录

部长　苗圩

2020 年 6 月 3 日

附件

各类监控化学品名录

（化学文摘社登记号）

第一类：可作为化学武器的化学品

A．

（1）烷基（甲基、乙基、正丙基或异丙基）氟膦酸烷（少于或等于10个碳原子的碳链，包括环烷）酯

例如：

沙林：甲基氟膦酸异丙酯 （107-44-8）

梭曼：甲基氟膦酸频哪酯 （96-64-0）

（2）二烷（甲、乙、正丙或异丙）氨基氰膦酸烷（少于或等于10个碳原子的碳链，包括环烷）酯

例如：

塔崩：二甲氨基氰膦酸乙酯 （77-81-6）

（3）烷基（甲基、乙基、正丙基或异丙基）硫代膦酸烷基（氢或少于或等于10个碳原子的碳链，包括环烷基)-S-2-二烷（甲、乙、正丙或异丙）氨基乙酯及相应的烷基化盐或质子化盐

例如：

VX：甲基硫代膦酸乙基-S-2-二异丙氨基乙酯 （50782-69-9）

（4）硫芥气

2-氯乙基氯甲基硫醚 （2625-76-5）

芥子气：二（2-氯乙基）硫醚 （505-60-2）

二（2-氯乙硫基）甲烷 （63869-13-6）

倍半芥气：1，2-二（2-氯乙硫基）乙烷 （3563-36-8）

1，3-二（2-氯乙硫基）正丙烷 （63905-10-2）

1, 4- 二（2- 氯乙硫基）正丁烷　　　　　　　　　（142868-93-7）

1, 5- 二（2- 氯乙硫基）正戊烷　　　　　　　　　（142868-94-8）

二（2- 氯乙硫基甲基）醚　　　　　　　　　　　　（63918-90-1）

氧芥气：二（2- 氯乙硫基乙基）醚　　　　　　　　（63918-89-8）

（5）路易氏剂

路易氏剂 1：2- 氯乙烯基二氯胂　　　　　　　　　（541-25-3）

路易氏剂 2：二（2- 氯乙烯基）氯胂　　　　　　　（40334-69-8）

路易氏剂 3：三（2- 氯乙烯基）胂　　　　　　　　（40334-70-1）

（6）氮芥气

HN1：N, N- 二（2- 氯乙基）乙胺　　　　　　　　（538-07-8）

HN2：N, N- 二（2- 氯乙基）甲胺　　　　　　　　（51-75-2）

HN3：三（2- 氯乙基）胺　　　　　　　　　　　　（555-77-1）

（7）石房蛤毒素　　　　　　　　　　　　　　　　（35523-89-8）

（8）蓖麻毒素　　　　　　　　　　　　　　　　　（9009-86-3）

（9）N-{1-[二烷基（少于或等于 10 个碳原子的碳链，包括环烷）胺基] 亚烷基（氢、少于或等于 10 个碳原子的碳链，包括环烷）}-P- 烷基（氢、少于或等于 10 个碳原子的碳链，包括环烷）氟膦酰胺和相应的烷基化盐或质子化盐

例如：

N-[1-（二正癸胺基）亚正癸基]-P- 正癸基氟膦酰胺　（2387495-99-8）

N-[1-（二乙胺基）亚乙基]-P- 甲氟膦酰胺　　　　　（2387496-12-8）

（10）N-[1- 二烷基（少于或等于 10 个碳原子的碳链，包括环烷）胺基] 亚烷基（氢、少于或等于 10 个碳原子的碳链，包括环烷）氨基氟磷酸烷（氢、少于或等于 10 个碳原子的碳链，包括环烷）酯和相应的烷基化盐或质子化盐

例如：

N-[1-（二正癸胺基）正亚癸基] 氨基氟磷酸正癸酯（2387496-00-4）

N-[1-（二乙胺基）亚乙基] 氨基氟磷酸甲酯　　　　（2387496-04-8）

N-[1-（二乙胺基）亚乙基] 氨基氟磷酸乙酯　　　　（2387496-06-0）

（11） [双（二乙胺基）亚甲基] 甲氟膦酰胺　　　　（2387496-14-0）

（12）氨基甲酸酯类（二甲胺基甲酸吡啶酯类季铵盐和双季铵盐）：

二甲胺基甲酸吡啶酯类季铵盐：

1-[N, N- 二烷基（少于或等于 10 个碳原子的碳链）-N-（n- 羟基, 氰基, 乙酰氧基）烷基（少于或等于 10 个碳原子的碳链）]-n-[N-（3- 二甲胺基甲酰氧基 - α - 皮考啉基）-N, N- 二烷基（少于或等于 10 个碳原子的碳链）] 二溴癸铵盐 （n=1-8）

例如：

1-[N, N- 二甲基 -N-（2- 羟基）乙基]-10-[N-（3- 二甲胺基甲酰氧基 - α - 皮考啉基）-N, N- 二甲基] 二溴癸铵盐　　　　（77104-62-2）

二甲胺基甲酸吡啶酯类的双季铵盐：

1, n- 双 [N-（3- 二甲基胺基甲酰氧基 - α - 皮考啉基）-N, N- 二烷基（少于或等于 10 个碳原子的碳链）]-[2,（n-1）- 二酮] 二溴烷铵盐 （n=2-12）

例如：

1, 10- 双 [N-（3- 二甲胺基甲酰氧基 - α - 皮考啉基）-N- 乙基 -N- 甲基]-2, 9- 二酮 - 二溴癸铵盐　　　　（77104-00-8）

B.

（13）烷基（甲基、乙基、正丙基或异丙基）膦酰二氟

例如：

DF：甲基膦酰二氟　　　　（676-99-3）

（14）烷基（甲基、乙基、正丙基或异丙基）亚膦酸烷基（氢或少于或等于 10 个碳原子的碳链，包括环烷基）-2- 二烷（甲、乙、正丙或异丙）氨基乙酯及相应烷基化盐或质子化盐

例如：

QL：甲基亚膦酸乙基 -2- 二异丙氨基乙酯　　　　（57856-11-8）

（15）氯沙林：甲基氯膦酸异丙酯　　　　　　　　　　　（1445-76-7）

（16）氯梭曼：甲基氯膦酸频哪酯　　　　　　　　　　　（7040-57-5）

第二类：可作为生产化学武器前体的化学品

A.

（1）胺吸膦：硫代磷酸二乙基-S-2-二乙氨基乙酯及相应烷基化盐或质子化盐　　　　　　　　　　　　　　　　　　　　　　　　（78-53-5）

（2）PFIB：1, 1, 3, 3, 3-五氟-2-三氟甲基-1-丙烯（又名全氟异丁烯、八氟异丁烯）　　　　　　　　　　　　　　　　　　　　　　（382-21-8）

（3）BZ：二苯乙醇酸-3-奎宁环酯　　　　　　　　　　（6581-06-2）

B.

（4）含有一个磷原子并有一个甲基、乙基或（正或异）丙基原子团与该磷原子结合的化学品，不包括含更多碳原子的情形，但第一类名录所列者除外

例如：

甲基膦酰二氯　　　　　　　　　　　　　　　　　　　（676-97-1）

甲基膦酸二甲酯　　　　　　　　　　　　　　　　　　（756-79-6）

例外：地虫磷：二硫代乙基膦酸-S-苯基乙酯　　　　　（944-22-9）

（5）二烷（甲、乙、正丙或异丙）氨基膦酰二卤

（6）二烷（甲、乙、正丙或异丙）氨基膦酸二烷（甲、乙、正丙或异丙）酯

（7）三氯化砷　　　　　　　　　　　　　　　　　　　（7784-34-1）

（8）2, 2-二苯基-2-羟基乙酸：二苯羟乙酸；二苯乙醇酸　（76-93-7）

（9）奎宁环-3-醇　　　　　　　　　　　　　　　　　（1619-34-7）

（10）二烷（甲、乙、正丙或异丙）氨基乙基-2-氯及相应质子化盐

（11）二烷（甲、乙、正丙或异丙）氨基乙-2-醇及相应质子化盐

例外：二甲氨基乙醇及相应质子化盐 　　　　　　　（108-01-0）

乙氨基乙醇及相应质子化盐 　　　　　　　　　　　（100-37-8）

（12）二烷（甲、乙、正丙或异丙）氨基乙 -2- 硫醇及相应质子化盐

（13）硫二甘醇：二（2- 羟乙基）硫醚；硫代双乙醇　　（111-48-8）

（14）频哪基醇：3, 3- 二甲基丁 -2- 醇　　　　　　　　（464-07-3）

第三类：可作为生产化学武器主要原料的化学品

A.

（1）光气：碳酰二氯　　　　　　　　　　　　　　　（75-44-5）

（2）氯化氰　　　　　　　　　　　　　　　　　　　（506-77-4）

（3）氰化氢　　　　　　　　　　　　　　　　　　　（74-90-8）

（4）氯化苦：三氯硝基甲烷　　　　　　　　　　　　（76-06-2）

B.

（5）磷酰氯：三氯氧磷；氧氯化磷　　　　　　　　　（10025-87-3）

（6）三氯化磷　　　　　　　　　　　　　　　　　　（7719-12-2）

（7）五氯化磷　　　　　　　　　　　　　　　　　　（10026-13-8）

（8）亚磷酸三甲酯　　　　　　　　　　　　　　　　（121-45-9）

（9）亚磷酸三乙酯　　　　　　　　　　　　　　　　（122-52-1）

（10）亚磷酸二甲酯　　　　　　　　　　　　　　　　（868-85-9）

（11）亚磷酸二乙酯　　　　　　　　　　　　　　　　（762-04-9）

（12）一氯化硫　　　　　　　　　　　　　　　　　　（10025-67-9）

（13）二氯化硫　　　　　　　　　　　　　　　　　　（10545-99-0）

（14）亚硫酰氯：氯化亚砜；氧氯化硫　　　　　　　　（7719-09-7）

（15）乙基二乙醇胺　　　　　　　　　　　　　　　　（139-87-7）

（16）甲基二乙醇胺　　　　　　　　　　　　　　　　（105-59-9）

（17）三乙醇胺　　　　　　　　　　　　　　　　　　（102-71-6）

第四类：除炸药和纯碳氢化合物以外的特定有机化学品

"特定有机化学品"是指可由其化学名称、结构式（如果已知的话）和化学文摘社登记号（如果已给定此一号码）辨明的属于除碳的氧化物、硫化物和金属碳酸盐的所有碳化合物所组成的化合物族类的任何化学品。

国家禁化武办关于开展 2020 年第三类和第四类监控化学品"双随机、一公开"抽查工作的通知

禁化武办发〔2020〕62 号

各省、自治区、直辖市及新疆生产建设兵团工业和信息化主管部门：

根据《国家禁化武办关于印发 2020 年履行〈禁止化学武器公约〉工作要点的通知》（禁化武办发〔2020〕16 号）安排，现就组织开展 2020 年第三类和第四类监控化学品"双随机、一公开"抽查工作通知如下。

一、指导思想

以习近平新时代中国特色社会主义思想为指导，按照党中央、国务院全面深化改革各项决策部署和"放管服"改革要求，坚持简政放权、依法监督、公正高效、公开透明、协同推进，大力推广随机抽查，转变管理理念，创新监管方式，规范监管行为，强化市场主体自律和社会监督，提升监管效能。

二、总体要求

全面贯彻落实《国务院办公厅关于推广随机抽查规范事中事后监管的通知》（国办发〔2021〕58 号）及《工业和信息化部办公厅关于在执法活动中全面推行随机抽查的通知》（工信厅政函〔2016〕606 号）各项要求，严格按照《工业和信息化部"双随机、一公开"监管实施办法》（工信厅政〔2018〕45 号）及《监控化学品"双随机、一公开"抽查实施办法》（禁化武办发〔2017〕25 号）开展工作，进一步规范监控化学品行政执法行为。坚持规范透明，杜绝任性执法，抽查结果及时、准确、规范向社会公开。

三、实施步骤

（一）准备阶段（9月）

按照《工业和信息化部全面推行行政执法公示制度执法全过程记录制度重大执法决定法制审核制度暂行实施方案》（工信厅政〔2019〕93号，以下简称三项制度）的有关要求，更新监控化学品"双随机、一公开"执法检查组组长名录库和执法检查人员名录库，并建立监控化学品"双随机、一公开"执法检查专家名录库。统筹考虑加强和规范事中事后监管的其他工作以及设施风险等级、抽查历史记录等因素，将2019年过去活动年度宣布中达到核查阈值以上的第三类和第四类监控化学品企业纳入检查对象名录库。采用不定向方式，随机抽取6个检查对象及相应的执法检查人员，依法回避与检查对象有利害关系的执法检查人员。

通过随机组合的方式将抽取检查人员分为3个检查组，每个检查组2名执法检察人员，并调配2～3名专家，负责随机匹配的2个检查对象"双随机、一公开"执法检查。

（二）抽查阶段（10月～11月）

执法检查通知将提前3～5个工作日发送至检查对象所在地省级禁化武办，一并通知检查对象名称、执法检查人员姓名、实施检查时间等内容。

执法检查人员实施检查时，应按照三项制度的有关要求，填写检查记录，如实记录检查情况，并由被检查单位负责人签字或盖章确认。检查报告应于检查工作结束之日起5个工作日内完成。国家禁化武办将于抽查结束后15个工作日内将抽查情况通过工业和信息化部门户网站向社会公示。

（三）总结阶段（12月）

督促企业提交整改报告，梳理总结工作经验，通报检查和整改结果。

四、工作要求

（一）统一思想认识。全面推行"双随机、一公开"监管，是贯彻党中央、国务院关于加快转变政府职能，推进简政放权、放管结合、优化服务决策部署的重要举措。各级禁化武办务必充分认识此项工作的重要性和必要性，全面落实工作部署和要求，夯实工作基础，创新监管方式，服务经济社会发展。

（二）严格依法依规。第三类和第四类监控化学品"双随机、一公开"抽查工作要遵守《监控化学品管理条例》及其实施细则的有关规定，不得妨碍检查对象的正常生产经营活动。

（三）加大工作力度。各级工业和信息化主管部门要密切配合，合理安排工作，保障执法检查顺利进行。执法检查人员要不断提高监察能力和业务水平，切实保证第三类和第四类监控化学品"双随机、一公开"抽查工作取得实效。

（四）加强疫情防控。按照国务院联防联控机制关于秋冬季疫情防控工作要求，时刻紧绷疫情防控这根弦，在"双随机、一公开"抽查期间，严格遵守检查对象所在地疫情防控各项要求，做好个人防护，减少不必要的人员聚集，确保抽查工作顺利开展。

特此通知。

国家履行《禁止化学武器公约》工作办公室

2020 年 9 月 10 日

国家禁化武办关于 2020 年度履行《禁止化学武器公约》工作
先进集体和个人的通报

禁化武办发〔2020〕111 号

各省、自治区、直辖市及新疆生产建设兵团工业和信息化主管部门：

2020 年，在党中央、国务院的坚强领导下，在工业和信息化部党组和各省（自治区、直辖市）人民政府的正确指导和大力支持下，全国各级工业和信息化主管部门以党的十九大和十九届二中、三中、四中、五中全会精神为指引，切实履行《禁止化学武器公约》工作职责，克服新冠肺炎疫情影响，勠力同心、锐意进取，认真完成年度宣布、接受禁化武组织现场视察，组织开展"双随机、一公开"执法检查；积极开展国际禁化武组织日宣传活动，强化业务培训，推选履约人才，取得显著成绩，涌现出一批先进集体和个人。

为弘扬禁化武先进事迹和履约工作者爱岗敬业、无私奉献精神，进一步激发广大禁化武履约工作者的工作热情和进取精神，国家履行《禁止化学武器公约》工作办公室决定对天津市禁化武办等 11 个先进集体、何祥军等 10 名先进个人予以通报表扬。

希望受到表扬的先进集体和先进个人再接再厉，继续发挥模范带头作用，不断取得新成绩，做出新贡献。全国各级履约主管部门和全体履约工作者，要以先进集体和先进个人为榜样，深入学习贯彻党的十九届五中全会精神，以习近平新时代中国特色社会主义思想为指导，增强"四个意识"，坚定"四个自信"，做到"两个维护"，坚持底线思维，强化风险意识，以奋发有为的精神状态、求真务实的工作作风，尽责担当，攻坚克难，开创履约工作新局面，为"十四五"开好局起好步营造良好环境做出积极贡献。

附件：1. 先进集体名单

　　　　2. 先进个人名单

国家履行《禁止化学武器公约》工作办公室

2020 年 12 月 15 日

附件 1

先进集体名单

（共 11 个）

天津市禁化武办

河北省禁化武办

上海市禁化武办

江苏省禁化武办

浙江省禁化武办

福建省禁化武办

山东省禁化武办

湖北省禁化武办

广东省禁化武办

宁夏回族自治区禁化武办

新疆生产建设兵团禁化武办

附件 2

先进个人名单

（共 10 名）

天津市禁化武办	何祥军
河北省禁化武办	董　猛
山西省禁化武办	樊小娟
辽宁省禁化武办	王　雷
江苏省禁化武办	陈忠明
安徽省禁化武办	夏必仙
福建省禁化武办	林慧蓉
山东省禁化武办	田晓慧
重庆市禁化武办	尹　玲
陕西省禁化武办	赵亚茹

附录三　2020 年监控化学品生产设施建设目录

序号	企业名称	所在省 （自治区、直辖市）	类型
1	中国平煤神马集团开封东大化工有限公司	河南	第三类监控化学品
2	潍坊德润化学有限公司	山东	含磷、硫、氟的第四类监控化学品
3	湖南海利常德农药化工有限公司	湖南	第三类监控化学品
4	新疆浙大阳光生物科技有限公司	新疆	第二类监控化学品
5	山东潍坊双星农药有限公司	山东	含磷、硫、氟的第四类监控化学品
6	山东东科化工科技有限公司	山东	含磷、硫、氟的第四类监控化学品
7	潍坊奥通药业有限公司	山东	含磷、硫、氟的第四类监控化学品
8	寿光德润化学有限公司	山东	含磷、硫、氟的第四类监控化学品
9	济南尚博生物科技有限公司	山东	第二类监控化学品
10	内蒙古永和氟化工有限公司	内蒙古	含磷、硫、氟的第四类监控化学品
11	山东三丰新材料有限公司	山东	含磷、硫、氟的第四类监控化学品
12	安徽润岳科技有限公司	安徽	含磷、硫、氟的第四类监控化学品
13	安徽裕康新材料有限公司	安徽	第三类监控化学品
14	佳化化学泉州有限公司	福建	第三类监控化学品
15	邵武永和金塘新材料有限公司	福建	第二类监控化学品
16	福建舜跃科技股份有限公司	福建	含磷、硫、氟的第四类监控化学品
17	广东丽臣奥威实业有限公司	广东	含磷、硫、氟的第四类监控化学品
18	广州南沙龙沙有限公司	广东	含磷、硫、氟的第四类监控化学品
19	广东先导先进材料股份有限公司	广东	第二类监控化学品
20	海利贵溪化工农药有限公司	江西	第三类监控化学品
21	邯郸市瑞田农药有限公司	河北	含磷、硫、氟的第四类监控化学品
22	吴桥县六合德利化工有限责任公司	河北	含磷、硫、氟的第四类监控化学品
23	河北双吉化工有限公司	河北	含磷、硫、氟的第四类监控化学品

续表

序号	企业名称	所在省 （自治区、直辖市）	类型
24	河北威远生物化工有限公司	河北	含磷、硫、氟的第四类监控化学品
25	开封华瑞化工新材料股份 有限公司	河南	第三类监控化学品
26	漯河市新旺化工有限公司	河南	含磷、硫、氟的第四类监控化学品
27	黎明化工研究设计院有限 责任公司	河南	含磷、硫、氟的第四类监控化学品
28	黑龙江联顺生物科技有限公司	黑龙江	含磷、硫、氟的第四类监控化学品
29	黑龙江中盟化工有限公司	黑龙江	第三类监控化学品
30	湖北固润科技股份有限公司	湖北	第三类监控化学品
31	洪湖市一泰科技有限公司	湖北	第二类监控化学品
32	湖北兴发化工集团股份有限公司	湖北	第三类监控化学品
33	德兴市德邦化工有限公司	江西	含磷、硫、氟的第四类监控化学品
34	江西肯特化学有限公司	江西	含磷、硫、氟的第四类监控化学品
35	江西理文化工有限公司	江西	第二类监控化学品
36	锦州奥鸿药业有限责任公司	辽宁	第二类监控化学品
37	内蒙古浩普科技有限公司	内蒙古	第二类监控化学品
38	宁夏保隆科技有限公司	宁夏	含磷、硫、氟的第四类监控化学品
39	宁夏贝利特生物科技有限公司	宁夏	含磷、硫、氟的第四类监控化学品
40	宁夏福美环保材料有限公司	宁夏	含磷、硫、氟的第四类监控化学品
41	宁夏富源化工有限公司	宁夏	含磷、硫、氟的第四类监控化学品
42	宁夏杰力康生物科技有限公司	宁夏	含磷、硫、氟的第四类监控化学品
43	宁夏金海宏昇化工科技有限公司	宁夏	含磷、硫、氟的第四类监控化学品
44	宁夏蓝田农业开发有限公司	宁夏	含磷、硫、氟的第四类监控化学品
45	利安隆（中卫）新材料有限公司	宁夏	含磷、硫、氟的第四类监控化学品
46	宁夏瑞泰科技股份有限公司	宁夏	含磷、硫、氟的第四类监控化学品
47	宁夏沃凯珑新材料有限公司	宁夏	含磷、硫、氟的第四类监控化学品
48	宁夏亚东化工有限公司	宁夏	含磷、硫、氟的第四类监控化学品
49	宁夏一帆生物科技有限公司	宁夏	含磷、硫、氟的第四类监控化学品
50	宁夏中星显示材料有限公司	宁夏	含磷、硫、氟的第四类监控化学品

续表

序号	企业名称	所在省（自治区、直辖市）	类型
51	山东滨海瀚生生物科技有限公司	山东	含磷、硫、氟的第四类监控化学品
52	山东益丰生化环保股份有限公司	山东	含磷、硫、氟的第四类监控化学品
53	昌邑恒泰环保科技有限公司	山东	含磷、硫、氟的第四类监控化学品
54	山东昌邑四方医药化工有限公司	山东	含磷、硫、氟的第四类监控化学品
55	山东德澳精细化学品有限公司	山东	含磷、硫、氟的第四类监控化学品
56	山东凯瑞英材料科技有限公司	山东	含磷、硫、氟的第四类监控化学品
57	山东富通化学有限公司	山东	含磷、硫、氟的第四类监控化学品
58	利华益利津炼化有限公司	山东	第三类监控化学品
59	青岛长荣化工科技有限公司	山东	第二类监控化学品
60	寿光市荣晟新材料有限公司	山东	含磷、硫、氟的第四类监控化学品
61	寿光同信精细化工有限公司	山东	含磷、硫、氟的第四类监控化学品
62	潍坊加华化工有限公司	山东	含磷、硫、氟的第四类监控化学品
63	潍坊世华化工有限公司	山东	含磷、硫、氟的第四类监控化学品
64	潍坊先达化工有限公司	山东	含磷、硫、氟的第四类监控化学品
65	潍坊益华化工有限公司	山东	含磷、硫、氟的第四类监控化学品
66	潍坊中赢化工有限公司	山东	第三类监控化学品
67	山东新和成精化科技有限公司	山东	含磷、硫、氟的第四类监控化学品
68	万华化学集团股份有限公司	山东	第三类监控化学品
69	新绛县德鑫化工有限公司	山西	含磷、硫、氟的第四类监控化学品
70	山西普莱克化工有限公司	山西	含磷、硫、氟的第四类监控化学品
71	原平市同利化工有限责任公司	山西	含磷、硫、氟的第四类监控化学品
72	国药集团威奇达药业有限公司	山西	含磷、硫、氟的第四类监控化学品
73	山西玉龙化工有限公司	山西	含磷、硫、氟的第四类监控化学品
74	长治市元延医药科技有限公司	山西	含磷、硫、氟的第四类监控化学品
75	上海奥威日化有限公司	上海	含磷、硫、氟的第四类监控化学品
76	巴斯夫化工有限公司	上海	含磷、硫、氟的第四类监控化学品
77	上海巴斯夫聚氨酯有限公司	上海	第三类监控化学品
78	英威达尼龙化工（中国）有限公司	上海	第三类监控化学品

续表

序号	企业名称	所在省 （自治区、直辖市）	类型
79	四川上氟科技有限公司	四川	含磷、硫、氟的第四类监控化学品
80	四川先易达农化有限公司	四川	含磷、硫、氟的第四类监控化学品
81	浙江东亚药业股份有限公司	浙江	含磷、硫、氟的第四类监控化学品
82	浙江巨化汉正新材料有限公司	浙江	含磷、硫、氟的第四类监控化学品
83	浙江仙琚制药股份有限公司	浙江	含磷、硫、氟的第四类监控化学品
84	浙江新安化工集团股份有限公司 建德农药厂	浙江	第二类监控化学品
85	浙江新化化工股份有限公司	浙江	含磷、硫、氟的第四类监控化学品
86	重庆农药化工（集团）有限公司	重庆	含磷、硫、氟的第四类监控化学品

附录四 2020年监控化学品生产特别许可证发放目录

第二类监控化学品生产企业

序号	企业名称	企业代码	所在省 （自治区、直辖市）	生产特别许可证书编号
1	广东众和高新科技有限公司 天行分公司	44I0009	广东	HW-B44I0009
2	茂名云龙工业发展有限公司	44I0013	广东	HW-B44I0013
3	青岛长荣化工科技有限公司	37B0503	山东	HW-B37B0503
4	福建三农新材料有限责任公司	35D0019	福建	HW-B35D0019
5	锦州奥鸿药业有限责任公司	21G0020	辽宁	HW-B21G0020
6	江西名成科技发展有限公司	36D0022	江西	HW-D36D0022
7	河北威远生物化工有限公司	13A0015	河北	HW-B13A0015
8	成都新恒创药业有限公司	51A0024	四川	HW-B51A0024
9	内蒙古永和氟化工有限公司	15F0002	内蒙古	HW-B15F0002
10	济南尚博生物科技有限公司	37A0051	山东	HW-B37A0051

第三类监控化学品生产企业

序号	企业名称	企业代码	所在省 （自治区、直辖市）	生产特别许可证书编号
1	防城港越洋化工有限公司	45F0002	广西	HW-C45F0002
2	宁夏瑞泰科技股份有限公司	64D0015	宁夏	HW-C64D0015
3	山东华鲁恒升化工股份有限公司	37N0011	山东	HW-C37N0011
4	兰州金利化工毛纺有限公司	62A0036	甘肃	HW-C62A0036
5	中国石油天然气股份有限公司 兰州石化分公司	62A0001	甘肃	HW-C62A0001
6	安陆市华鑫化工有限公司	42F0002	湖北	HW-C42F0002
7	安徽省安庆市曙光化工股份 有限公司	34C0003	安徽	HW-C34C0003

续表

序号	企业名称	企业代码	所在省（自治区、直辖市）	生产特别许可证书编号
8	安徽东至广信农化有限公司	34H0003	安徽	HW-C34H0003
9	湖南海利常德农药化工有限公司	43G0002	湖南	HW-C43G0002
10	河北临港化工有限公司	13J0038	河北	HW-D13J0038
11	晋城市鸿生化工有限公司	14E0001	山西	HW-C14E0001
12	巴斯夫聚氨酯（重庆）有限公司	50A0057	重庆	HW-C50A0057
13	新泰兰和化工有限公司	37I0025	山东	HW-C37I0025
14	茂名云龙工业发展有限公司	44I0013	广东	HW-C44I0013
15	重庆长风化学工业有限公司	50A0003	重庆	HW-C50A0003
16	宁夏丰华生物科技有限公司	64B0013	宁夏	HW-C64B0013
17	宁国久天化工有限公司	34E0007	安徽	HW-C34E0007
18	上海赛科石油化工有限责任公司	31Z0005	上海	HW-C31Z0005
19	科思创聚合物（中国）有限公司	31Z0001	上海	HW-C31Z0001
20	江西金龙化工有限公司	36C0014	江西	HW-C36C0014
21	河北威远生物化工有限公司	13A0015	河北	HW-C13A0015
22	潍坊中赢化工有限公司	37G0239	山东	HW-C37G0239
23	漯河市新旺化工有限公司	41K0010	河南	HW-C41K0010
24	江苏常隆农化有限公司	31L0081	江苏	HW-C31L0081
25	重庆紫光国际化工有限责任公司	50A0055	重庆	HW-C50A0055
26	辽宁陶普唯农化工有限公司	21L0018	辽宁	HW-C21L0018
27	安徽广信农化股份有限公司（东川岭厂区／蔡家山厂区）	34E0006	安徽	HW-C34E0006
28	嘉兴金燕化工有限公司	33D0046	浙江	HW-C33D0046
29	新疆紫光永利精细化工有限公司	65L0007	新疆	HW-C65L0007
30	佳化化学（茂名）有限公司	44I0016	广东	HW-C44I0016
31	山东远捷农化科技有限公司	37P0021	山东	HW-C37P0021
32	山东阳煤恒通化工股份有限公司	37P0001	山东	HW-C37P0001
33	佳化化学（滨州）有限公司	37M0034	山东	HW-C37M0034
34	浙江嘉华化工有限公司	33J0012	浙江	HW-B33J0012

含磷、硫、氟的第四类监控化学品生产企业

序号	企业名称	企业代码	所在省 （自治区、直辖市）	生产特别许可证书编号
1	新疆浙大阳光生物科技有限公司	65C0008	新疆	HW-D65C0008
2	山东金城柯瑞化学有限公司	37C0158	山东	HW-D37C0158
3	山东金城医药化工有限公司	37C0147	山东	HW-D37C0147
4	山东华安新材料有限公司	37C0154	山东	HW-D37C0154
5	淄博金坤化学工业有限公司	37C0146	山东	HW-C37C0146
6	淄博齐翔腾达化工股份有限公司	37C0107	山东	HW-D37C0107
7	淄博临淄万通精细化工有限公司	37C0132	山东	HW-D37C0132
8	山东瀛寰化工有限公司	37C0131	山东	HW-D37C0131
9	山东星之联生物科技股份 有限公司	37C0157	山东	HW-D37C0157
10	修正药业集团柳河制药有限公司	22E0023	吉林	HW-D22E0023
11	通化农药化工股份有限公司	22E0016	吉林	HW-D22E0016
12	天津力生制药股份有限公司	12T0569	天津	HW-D12T0569
13	广安利尔化学有限公司	51W0003	四川	HW-D51W0003
14	湖南丽臣奥威实业有限公司	43A0015	湖南	HW-D43A0015
15	安阳市安林生物化工有限 责任公司	41E0001	河南	HW-D41E0001
16	索尔维（张家港）精细化工 有限公司	32E0023	江苏	HW-D32E0023
17	河北诚信集团有限公司	13A0006	河北	HW-C13A0006
18	联化科技股份有限公司	33H0007	浙江	HW-D33H0007
19	浙江朗华制药有限公司	33H0014	浙江	HW-D33H0014
20	临海市利民化工有限公司	33H0017	浙江	HW-D33H0017
21	浙江新农化工股份有限公司	33H0041	浙江	HW-D33H0041
22	浙江九洲药业股份有限公司 椒江外沙分公司	33H0048	浙江	HW-D33H0048
23	浙江华海立诚药业有限公司	33H0054	浙江	HW-D33H0054
24	浙江永太科技股份有限公司	33H0072	浙江	HW-D33H0072
25	浙江万盛股份有限公司	33H0079	浙江	HW-D33H0079

续表

序号	企业名称	企业代码	所在省 （自治区、直辖市）	生产特别许可证书编号
26	浙江乐普药业股份有限公司	33H0152	浙江	HW-D33H0152
27	浙江东邦药业有限公司	33H0153	浙江	HW-D33H0153
28	浙江康峰化工有限公司	33J0022	浙江	HW-D33J0022
29	浙江三美化工股份有限公司	33J0041	浙江	HW-D33J0041
30	浙江环新氟材料股份有限公司	33J0091	浙江	HW-D33J0091
31	金华永和氟化工有限公司	33J0097	浙江	HW-D33J0097
32	衢州市九洲化工有限公司	33K0029	浙江	HW-D33K0029
33	山东潍坊双星农药有限公司	37G0078	山东	HW-D37G0078
34	山东信科环化有限责任公司	37P0011	山东	HW-D37P0011
35	山东省临沂市三丰化工有限公司	37P0016	山东	HW-D37P0016
36	江西农喜作物科学有限公司	36H0005	江西	HW-D36H0005
37	广东众和高新科技有限公司 天行分公司	44I0009	广东	HW-D44I0009
38	福建三农新材料有限责任公司	35D0019	福建	HW-D35D0019
39	安徽华星化工有限公司	34K0005	安徽	HW-D34K0005
40	安徽省池州新赛德化工有限公司	34H0001	安徽	HW-D34H0001
41	安徽广信农化股份有限公司	34H0008	安徽	HW-D34H0008
42	江西合达科技实业有限公司	36I0024	江西	HW-D36I0024
43	江西名成科技发展有限公司	36D0022	江西	HW-D36D0022
44	抚州金龙化工有限公司	36H0010	江西	HW-D36H0010
45	开封制药（集团）有限公司	41C0005	河南	HW-D41C0005
46	河北威远生物化工有限公司	13A0015	河北	HW-D13A0015
47	山东埃森化学有限公司	37P0002	山东	HW-D37P0002
48	湖北华丽染料工业有限公司	42I0032	湖北	HW-D42I0032
49	楚源高新科技集团股份有限公司	42I0006	湖北	HW-D42I0006
50	浙江震元制药有限公司	33F0004	浙江	HW-D33F0004
51	国药集团威奇达药业有限公司	14B0001	山西	HW-D14B0001
52	河南峡威化工股份有限公司	41P0008	河南	HW-D41P0008
53	潍坊奥通药业有限公司	37G0120	山东	HW-D37G0120

续表

序号	企业名称	企业代码	所在省（自治区、直辖市）	生产特别许可证书编号
54	山东昌邑四方医药化工有限公司	37G0140	山东	HW-D37G0140
55	山东滨海瀚生生物科技有限公司	37G0094	山东	HW-D37G0094
56	潍坊先达化工有限公司	37G0082	山东	HW-D37G0082
57	寿光同信精细化工有限公司	37G0202	山东	HW-D37G0202
58	国药集团威奇达药业有限公司	14B0001	山西	HW-D14B0001
59	山东益丰生化环保股份有限公司	37M0036	山东	HW-D37M0036
60	潍坊世华化工有限公司	37G0110	山东	HW-D37G0110
61	潍坊益华化工有限公司	37G0115	山东	HW-D37G0115
62	新疆兴发化工有限公司	65L0005	新疆	HW-D65L0005
63	潍坊加华化工有限公司	37G0106	山东	HW-D37G0106
64	寿光德润化学有限公司	37G0186	山东	HW-D37G0186
65	寿光荣晟新材料有限公司	37G0191	山东	HW-D37G0191
66	内蒙古永和氟化工有限公司	15F0002	内蒙古	HW-D15F0002
67	山东三丰新材料有限公司	37P0024	山东	HW-D37P0024
68	浙江嘉华化工有限公司	33J0012	浙江	HW-D33J0012
69	江西金龙化工有限公司	36C0014	江西	HW-D36C0014
70	江苏傲伦达科技实业股份有限公司	32D0144	江苏	HW-D32D0144

附录五　2020 年中国接受禁止化学武器组织工业视察一览表

序号	累计视察次数	设施类型	日期（月、日）	被视察设施名称
1	450	第三类	1.12 ～ 1.18	乐天化学（嘉兴）有限公司
2	451	第四类		浙江蓝天环保高科技股份有限公司

附录六　2020年中国在禁止化学武器组织
重要会议上的发言选编

中国代表团团长徐宏大使
在禁化武组织执行理事会第93次会议上的发言

（2020年3月10日）

主席先生：

首先，请允许我代表中国代表团欢迎你再次主持会议。中国代表团将与各方一道积极支持你的工作，为会议各项审议顺利进行做出贡献。

中方感谢总干事和几位副主席的报告，赞同阿塞拜疆贾法·胡赛扎打阁下代表不结盟运动和中国所做的发言。下面，请允许我进一步阐述中方对一些重要问题的看法和立场。

首先，销毁化学武器是《禁止化学武器公约》的核心目标，是实现"无化武世界"的关键步骤。中方注意到近年来库存化武销毁所取得的进展，敦促目前唯一的化武拥有国尽快完成销毁。经过中日双方的共同努力，日本遗弃在华化学武器销毁有所进展，但总体销毁进程仍然严重滞后，对中国人民的生命财产和环境安全构成现实威胁。中方敦促日方切实履行遗弃国责任，加大投入推进销毁进程，并妥善处理污染土壤等突出问题。中方将一如既往地予以配合。

第二，关于消除叙利亚化武计划问题，中方注意到总干事和叙利亚散发的相关报告，呼吁技秘处与叙利亚继续保持对话，推动叙化武初始宣布澄清等未决问题取得积极进展。中方一贯反对任何国家、任何人在任何情况下使用化武。对于指称使用化武事件，事实调查组应严格依照《公约》以及相关核查附件的规定，秉持客观、公正、专业的精神开展调查。

157

目前，调查鉴定组首份调查报告即将出台，而各方在使用化武追责问题上分歧依旧。中方一再呼吁，各方应推动"应对使用化武威胁决定"的执行回归《公约》框架。执理会作为《公约》规定的处理遵约问题的主要决策机构，必须充分行使《公约》赋予的权利和职能，严格监督化武追责调查在内的技秘处各项活动。在涉及违约问题上，执理会做出任何结论或采取任何行动必须是慎重、严肃的。如果缔约国之间存在重大分歧，则不应该仓促做出结论或采取行动。

第三，关于修订行政与财务咨询委员会议事规则问题，中方认为，委员会作为一个开放性、不具决策权的机制，应保持多样性和地域平衡性，缔约国有权提名其认为合格的人选。授权执理会撤销委员会成员资格，不符合国际组织行财咨询机构的惯常做法，也容易在成员国之间制造政治对抗，中方对此存有关切。中方呼吁提案国继续与各方开展磋商，认真听取不同意见，以争取协商一致。

第四，关于气溶胶方式将中枢神经作用剂用于执法的问题，中方认为这既涉及技术问题，也涉及法律问题，对于《公约》本身和缔约国所承担的义务具有重要影响，应该慎重对待。尽管该问题已提出多年，但缔约国应继续就此深入交换意见，以争取形成广泛共识。提案国应保持耐心，在未有共识的情况下，不急于强行推动就有关决定草案进行表决，以免对《公约》权威及法律效力造成负面影响。中方再次强调，动辄投票的做法，无助于化解分歧，也不利于禁化武组织的正常运行和长远利益。

第五，中方感谢印尼大使和萨尔瓦多大使对于组织管理问题磋商所做出的贡献，中方鼓励主席、副主席和各协调员继续发挥积极作用，推动磋商机制采取措施改进工作方法，平衡推进《公约》各项工作。

谢谢主席。

中国代表团出席禁化武组织执行理事会
第 94 次会议一般性辩论发言

（2020 年 7 月 7 日）

主席先生：

首先，中国代表团祝贺你当选执理会主席并主持会议。中方对你克服新冠肺炎疫情影响推动召开本次执理会所做的努力表示赞赏，相信以你的外交经验和技巧，一定能改善执理会工作和氛围，加强缔约国团结和协商一致精神，推动各项审议取得成功。

中方认真听取了总干事所做的发言以及几位副主席所作的报告。中方赞同阿塞拜疆菲克拉特·阿洪多夫阁下代表不结盟运动和中国所做的发言。下面，我愿就以下几个重要问题进一步阐述中方的立场和主张。

首先，在化武销毁方面，中方注意到近年来库存化武销毁所取得的进展，敦促余下的化武拥有国切实履行《禁止化学武器公约》义务，按照缔约国大会关于化武销毁逾期的决定，在规定时限内尽早完成销毁。经过中日双方的共同努力，日本遗弃在华化学武器销毁有所进展，但总体销毁进程仍然严重滞后，对中国人民的生命财产和环境安全构成现实威胁。中方敦促日方切实履行遗弃国责任，加大投入推进销毁进程，并妥善处理污染土壤等突出问题。中方将一如既往地予以配合。当前由于疫情因素，日遗化武销毁相关工作已被推迟，中方将与日方以及技秘处继续保持沟通，适时恢复相关工作。

其次，关于消除叙利亚化武计划问题，中方注意到总干事和叙利亚散发的相关报告。中方理解因新冠肺炎疫情原因，原计划开展的相关部署和活动被推迟，支持技秘处与叙利亚继续保持接触和对话，在条件允许时恢复相关活动，推动叙化武初始宣布澄清等未决问题取得积极进展。

中方一贯反对任何国家、任何人在任何情况下使用化武。对于指称使用化武事件，中方主张依照《公约》以及相关核查附件的规定，开展全面、客观、公正的调查。调查结论应基于事实，经得起时间和历史的检验。对于调查鉴定组工作，中方从一开始就强调其成立超出《公约》授权。一些国家强行推动成立这一机制加剧了各缔约国围绕叙利亚化武问题的分裂和对抗。对于调查鉴定组的工作方法和程序，中方同样存在关切，其成员构成未能体现公平地域代表性。

中方再次呼吁，应推动使用化武追责问题回归《公约》框架。技秘处作为技术性机构，应严格依照《公约》，秉持公正、客观、独立的精神做好本职工作。执理会等决策机构应发挥应有作用，以事实为依据，以《公约》为准绳妥善处理这一问题。执理会做出任何结论或采取任何行动必须是慎重、严肃的，在此之前开展深入、充分的讨论。中方呼吁各方通过对话弥合分歧，共同维护《公约》的权威性和严肃性。

第三，关于修订行政财务咨询委员会议事规则，中方重申，行政财务咨询委员会作为一个开放性、不具决策权的机制，应保持多样性和地域平衡性，缔约国有权提名其认为合适的人选，其任职条件应当与其他类似国际组织保持一致，不宜设立主观随意、模糊不清或存有争议的任职标准或行为准则。

第四，关于以气溶胶方式将中枢神经作用剂用于执法的问题，中方强调这既涉及技术问题，也涉及法律问题，对于《公约》本身和缔约国所承担的义务具有重要影响，应该慎重对待。尽管该问题已提出多年，但缔约国现阶段应进行充分讨论，深入交换意见，以争取形成广泛共识。

第五，中方鼓励主席、副主席和各协调员继续发挥积极作用，推动各个磋商机制采取措施改进工作方法，全面、平衡推进《公约》各项工作。

谢谢主席。

中国代表团在禁化武组织第 94 次执理会上关于叙利亚化学武器调查鉴定组问题的发言

（2020 年 7 月 7 日）

中方注意到日前技秘处调查鉴定组出台的首份报告。我愿就此机会重申，中方一贯坚决反对任何国家、组织或个人在任何情况下、出于任何目的使用化学武器，支持禁化武组织根据《禁止化学武器公约》规定，对可能使用化武事件开展全面、客观、公正调查，得出经得起历史和事实检验的结论。

调查鉴定组自成立伊始，就饱受争议。包括中方在内的不少国家从一开始就反对以投票方式通过超出《公约》范畴的"应对使用化武威胁决定"，对建立调查鉴定组存有关切。

首先，调查鉴定组成立超出《公约》授权。《公约》对于指称使用化武事件有详细的规定，设立"指称使用化武调查"和"质疑性视察"等机制开展调查，并明确规定相关调查程序和方法。这些机制旨在"澄清和解决可能存在的遵约疑问"。另起炉灶，建立专门所谓"使用化武追责调查"的新机制，其授权超出《公约》范畴，损害《公约》权威性和有效性。

其次，调查鉴定组工作方法缺乏透明，未体现全面、客观和公正原则。从具体程序上看，调查鉴定组未赴现场调查，缺乏直接证据，仅靠在第三国采访所谓"目击者"、采信非政府组织提供的样品、听取所谓"外界专家"意见，这些做法无法保证证据链的完整和闭合，与《公约》及其核查附件的有关规定背道而驰，难以确保调查结论的客观、真实与公正，而且，调查鉴定组的成员主要来自西方国家，未能体现公平地域代表性。

第三，《公约》确立的核查机制均为事实调查，对于是否存在违约行为，肇事者是谁，这些问题超出技秘处事实调查的技术授权，应依据《公约》第八条由执理会讨论决定。仅凭技秘处的几名国际职员认定化武使用责任人，不符合《公约》规定，超出《公约》范畴。

中方一再呼吁，应推动使用化武追责问题回归《公约》框架。技秘处作为技术性机构，应严格依照《公约》，秉持公正、客观、独立的精神做好本职工作。执理会等决策机构应发挥应有作用，以事实为依据，本着实事求是的精神，就报告进行充分讨论，依照《公约》相关规定予以处理。中方呼吁各方通过对话弥合分歧，妥善处理叙利亚化武问题，共同维护《公约》的权威性和严肃性。

中国代表出席禁化武组织第 95 次

执行理事会一般性辩论发言

（2020 年 10 月 6 日）

主席先生：

请允许我代表中国代表团欢迎你再次主持执理会。中国代表团将与你和其他代表团密切合作，为顺利完成本次执理会各项工作而共同努力。

中方认真听取了总干事所做的发言和几位副主席的报告，赞同阿塞拜疆菲克拉特·阿洪多夫阁下代表不结盟运动和中国所做的发言。下面，我愿进一步阐述中方对以下有关问题的看法。

全面、彻底销毁化学武器是《禁止化学武器公约》的核心内容和目标。中方注意到近年来库存化武销毁所取得的进展，敦促唯一的化武拥有国切实履行《公约》义务，按照缔约国大会关于化武销毁逾期的决定，在规定时限内完成销毁。

销毁遗弃化学武器是《公约》的重要组成部分，关乎《公约》的根本目标能否实现。日本侵华战争已过去 75 周年，日本遗弃在华化学武器仍然对中国人民的生命财产和环境安全构成现实威胁。经过中日双方的共同努力，销毁工作有所进展，但总体销毁进程仍然严重滞后。中方敦促日方切实履行遗弃国责任，加大投入推进销毁进程，并妥善处理污染土壤等突出问题。当前由于新冠肺炎疫情因素，日遗化武销毁相关作业已被推迟；中方克服多种困难，做了大量工作，确保了哈尔巴岭各项工程建设正常实施。9 月 23 日，中方与日方及技秘处进行了三方线上会议，就近期及下步工作交换意见。中方将与日方以及技秘处继续保持沟通、加强协调，希望尽早恢复正常作业。中方将继续做好相关协助工作。

关于叙利亚化武问题，中方注意到总干事和叙利亚散发的相关报告。中方理解因新冠肺炎疫情原因，原计划开展的相关部署和活动被推迟，支持叙方与技秘处继续保持接触和对话，在条件允许时恢复相关部署和活动，推动叙化武初始宣布澄清等未决问题取得积极进展。

中方一贯反对任何国家、组织或个人在任何情况下、出于任何目的使用化武。对于指称使用化武情况，应该以事实为依据，以《公约》为准绳，进行公正、客观的调查和处理。调查结论应基于事实，经得起时间和历史的检验。

中方对待使用化武追责问题的出发点就是维护《公约》权威性和严肃性。这是涉及每一个缔约国切身安全和利益的一个原则问题，不可放任其沦为某些国家打压另一些国家的地缘政治工具。中方再次呼吁各方通过对话弥合分歧，避免进一步在缔约国之间制造分裂和对抗，停止将禁化武组织的工作不断政治化，共同维护《公约》的权威性和严肃性。

中国代表团积极参与了预算问题的磋商，希望技秘处综合考虑疫情因素，合理灵活分配资源，确保组织核心项目的实施。中方愿与各方共同研究完善相关方案，确保禁化武组织的正常运行。

关于以气溶胶方式将中枢神经作用剂用于执法的问题，中方再次强调，这既涉及技术问题，也涉及法律问题，对于《公约》本身和缔约国所承担的义务具有重要影响，应该慎重对待。缔约国现阶段应继续开展充分的讨论，深入交换意见，以争取形成广泛共识。

中方注意到有关方对俄罗斯公民纳瓦尔尼中毒事件的表态，中方呼吁有关方本着相互尊重、平等协商的原则开展沟通合作，妥善处理这一事件，在未弄清事实真相前不应急于下结论，避免政治化和任何进一步激化矛盾的举措。

最后，中方鼓励主席、副主席和各协调员继续发挥积极作用，推动各个磋商机制采取措施改进工作方法，全面、平衡推进《公约》各项工作。

谢谢主席。

中国代表团团长在《禁止化学武器公约》第 25 次缔约国大会
一般性辩论中的发言

（2020 年 11 月 30 日）

主席先生，总干事先生，尊敬的各位代表：

首先，请允许我代表中国代表团对墨西哥常驻代表扎巴尔哥提亚大使当选《禁止化学武器公约》第 25 次缔约国大会主席表示祝贺。中国代表团愿与你和各国代表团充分合作，推动大会取得成功。借此机会，我也愿对前任主席科斯托夫大使以及执理会主席萨尔瓦多的戈麦斯大使所做的工作表示感谢。

中方赞同阿塞拜疆代表不结盟运动和中国所做的发言。下面，请允许我进一步阐述中方立场。

主席先生，今年是个特殊的年份，新冠肺炎疫情在全球肆虐，世界经济陷入衰退，全球化进程遭遇逆流，单边主义、霸凌行径上升，国际体系愈发面临失序风险，禁化武组织工作也不可避免地受到影响。我们对总干事、技秘处和缔约国克服疫情困难，继续推进《公约》履约工作表示赞赏。同时，我们也对禁化武组织相关工作政治化加剧、缔约国深陷分裂的现状深感关切。

《公约》是维护全球和平与安全的重要支柱。维护《公约》权威和有效性，实现《公约》宗旨和目标，推动禁化武组织工作回归正轨，是全体缔约国的共同责任，符合各方共同利益。对此，中方有以下几点主张。

第一，加快推进实现"无化武世界"目标。全面禁止和销毁所有类别的化学武器，彻底排除使用化学武器的可能性是《公约》根本目标之一，应当始终得到坚守。中方敦促美国作为唯一仍拥有库存化武的国家，切实履行《公约》义务，按照缔约国大会关于化武销毁逾期的决定，在规定时限内尽早完成销毁。

日本遗弃在华化学武器仍然对中国人民的生命财产和环境安全构成现实威胁。中方呼吁日方继续加大投入，推进销毁进程。受新冠肺炎疫情影响，今年日遗化武销毁作业已被推迟。中方将与日方及技秘处保持沟通、加强协调，争取尽早恢复正常作业。

第二，切实维护禁化武组织技术属性。《公约》规定了全面、严格、具体的核查制度和程序，以及确保遵约的措施。技秘处负责执行《公约》规定的核查措施，《公约》并未赋予技秘处追责的权力。各缔约国和技秘处应严格按照《公约》及其附件规定行事，切实维护《公约》权威和有效性。

中方对近年来多次发生指称使用化武事件表示关切。中方认为，对相关事件的调查应尽快回归公约框架，真正做到程序合规、证据可靠、结论可信。在叙利亚化武问题上，中方坚决反对绕开《公约》机制，另起炉灶成立所谓"调查鉴定组"。事实上，"调查鉴定组"采纳证据的可信度存疑，其开展工作的方式、方法也不符合《公约》对指称使用化武调查的规定，不仅没有还原事实真相，还进一步加深了缔约国间的分裂。

对于近期发生的指称使用化武事件，中方关切地注意到，一些国家急于做出有罪推论，当事国依据《公约》提出技术协助的要求却得不到及时回应。中方呼吁有关各方相向而行，切实展现对话合作的意愿，也希望技秘处发挥建设性作用。

第三，努力维护《公约》缔约国协商一致传统。禁化武组织决策机构在确保《公约》执行方面发挥重要作用，肩负关键职责。由决策机构协商一致做决定，是维护缔约国团结，全面有效实现《公约》宗旨和目标的正确方式。在重大问题上，缔约国更应该进行深入、充分讨论，坚持通过建设性对话协商弥合分歧，凝聚共识，在此基础上慎重做出决定。

近年来，禁化武组织以投票代替对话、以对抗代替合作的倾向日益突出，中方对此深感关切。一个国际组织如果重大问题、人事问题、财务问题、法律问题都靠投票，其权威性必将受到广泛质疑，相关决定的执行也将大打折扣。中方敦促有关国家回归对话协商的正确轨道,避免禁化武组织的权威受到进一步损害。

第四,着力加强国际合作,增进所有缔约国经济和技术发展。援助与化武防护及国际合作条款是《公约》全面有效实施的重要支柱。中方主张加大对援助与化武防护、国际合作的预算投入,提高发展中国家履约能力,确保缔约国,特别是发展中国家充分享受和平利用红利。在此方面,应继续探讨通过建立"《公约》第十一条后续机制"和制定"行动计划"等措施,确保《公约》第十一条得到有效实施,加强非缔约国加入《公约》意愿。

主席先生,中方一贯认真履行《公约》义务,坚定维护《公约》的宗旨和目标。中国宣布的工业设施居世界首位,国内履约机制不断完善,始终高效、严格接受各类监督核查。中国坚决反对任何国家、任何组织和个人在任何情况下使用化武,一贯坚定维护公平正义,推动以事实为依据、以《公约》为准绳调查指称使用化武事件,维护国际和平与安全。作为第二大会费国,中国为促进《公约》在全球范围内得到全面、平衡、有效落实做出了重要贡献。在疫情防控条件允许的情况下,中方将继续通过举办研讨会、培训班、开展双边交流等多种方式,积极协助其他国家提升履约能力,为推进《公约》普遍性、有效性贡献力量。中方也将一如既往地支持总干事和技秘处继续履行《公约》赋予的职责。

谢谢主席先生!

附录七　2020年禁止化学武器组织主要工作情况

总干事说明

2020年核查活动总结（节选）

（S/1992/2021　2021年9月16日）

附件1　禁化武组织2020年核查总结

1. 综合概要

概述

1.1　截至2020年12月31日，共有193个《禁止化学武器公约》（以下简称《公约》）缔约国。有1个缔约国尚未销毁完其宣布的化学武器；经核实，所有宣布的化学武器生产设施（以下简称化武生产设施）均已被销毁或者已被改装用于《公约》不加禁止的目的；9个缔约国有尚待销毁或需以其他方式处置的老化学武器（以下简称老化武）库存；1个缔约国境内有已回收的确认或疑似遗弃化学武器（以下简称遗弃化武）。关于《公约》第六条和在2020年收到的关于2019年过去活动年度宣布的资料，经技秘处评估，有85个缔约国在其境内有应宣布的活动（其中76个缔约国有至少1处应宣布设施）。

1.2　在非缔约国中尚有1个签署国（以色列国）和3个非签署国（朝鲜民主主义人民共和国、阿拉伯埃及共和国和南苏丹共和国），而对这些国家，无法进行任何核查活动。2020年，没有国家加入《公约》。

1.3　截至2020年年底，在193个缔约国中，尚有1个缔约国未根据《公约》提交其初始宣布。技秘处未能完成对该缔约国进行的核查活动。

核查行动

1.4 在裁军和防止扩散方面，如果不算技秘处在阿拉伯叙利亚共和国境内开展的持续行动，则技秘处在 2020 年进行了 125 次视察 / 轮换；共在 32 个缔约国的 97 处地点投入了 4830 个视察员日。在此总数中，43 次视察或轮换涉及第四和第五条所规定的化学武器非军事化；82 次视察涉及《公约》第六条所规定的工业核查。此外，在 2020 年，技秘处在与阿拉伯叙利亚共和国①相关联的核查活动中及在与该缔约国相关联的核查相关的活动中另行投入了 829 个视察日。

1.5 2020 年，在化学武器方面共投入了 4753 个视察员日（占总数的 84%），其中包括在阿拉伯叙利亚共和国的视察员日；根据《公约》第六条投入了 906 个视察员日（16%）。

1.6 在 2020 年没有收到任何有关质疑性视察和指称使用调查的请求。尽管如此，根据执行理事会（以下简称执理会）第 EC-83/DEC.5 号决定（2016 年 11 月 11 日），技秘处部署了若干次禁化武组织派往叙利亚的事实调查组、1 次技术援助访问（TAV/01/20）②和多次非例行任务。

1.7 技秘处在 2020 年进行的所有视察均达到了视察任务授权所规定的目的。在 11 次第六条视察中，记录了需要予以进一步注意的有关问题。

化学武器核查

1.8 2020 年，经技秘处核实，共销毁了 592.142 吨化学武器，这些化学武器全部均属第 1 类。销毁作业在美利坚合众国境内的 3 处化学武器销毁设施（以下简称化武销毁设施）中进行。

1.9 至报告完成时，技秘处核实了在销毁化学战剂方面的下述年终

---

① 该数字既包含在该缔约国境内所宣布地点进行的核查活动，亦包含与在其境外进行的销毁活动有关的核查活动，同时还包含与其初始宣布有关的任务。
② 关于该技术援助访问的报告综述已通过技秘处的一份说明（S/1906/2020，2020 年 10 月 6 日）发布。

情况。

（a）在宣布的 72304.339 吨化学武器库存中，经核实已销毁了 71140.763 吨①（其中包括为《公约》不加禁止的目的而从化学武器库存中取出的化学武器），占宣布总量的 98.39%②。

（b）美利坚合众国已销毁了其已宣布的第 1 类化学武器的 95.81%。

（c）所有第 2 类和第 3 类化学武器在本报告期之前均已销毁。

1.10 截至 2020 年 12 月 31 日，经总干事核实，全部 97 个化武生产设施均已被销毁（74 处）或已改装（23 处）。2020 年，技秘处对阿拉伯叙利亚共和国境内已销毁的化武生产设施的 5 个地下建筑进行了 5 次访查，以核实外部和内部插头是否完好无损。在技秘处完成了开展监控这一任务授权的基础上，在查访期间将安装在 4 个地下建筑中的远程监控系统拆除并运走。

1.11 2020 年，技秘处对美利坚合众国的 2 处化学武器储存设施（以下简称化武储存设施）进行了 4 次视察，共投入了 36 个视察员日。所有视察均由部署在该化武销毁设施的有关视察组开展。

1.12 2020 年，由于新冠肺炎疫情，日本遗弃在中国境内的化学武器的销毁已暂停。尽管如此，根据中日双方联合提交给执理会的销毁计划（EC-67/NAT.11，2012 年 2 月 15 日；EC-84/NAT.6，2017 年 3 月 2 日），并按照第 67 次执理会通过的第 EC-67/DEC.6 号决定（2012 年 2 月 15 日）以及《公约》的有关规定，中国和日本就遗弃化武的销毁仍保持沟通。

1.13 2020 年，技秘处计划对中国境内的日本遗弃化学武器进行 12 次视察。但是，由于新冠肺炎疫情，所有计划的遗弃化武视察均已暂停。

1.14 自《公约》生效以来，有 18 个缔约国宣布了老化武，而其

---

① 该数据援引自 2020 年《关于禁止发展、生产、储存和使用化学武器及销毁此种武器的公约》的履行状况，经核算实际数据为 71113.764 吨。

② 该数据援引自 2020 年《关于禁止发展、生产、储存和使用化学武器及销毁此种武器的公约》的履行状况，经核算实际数据为 98.35%。

中 12 个缔约国宣布了在 1925 年至 1946 年间生产的老化武；11 个缔约国宣布了在 1925 年以前生产的老化武。2020 年，技秘处对比利时王国、法兰西共和国、德意志联邦共和国、意大利共和国和大不列颠及北爱尔兰联合王国进行了 5 次老化武视察。多处的销毁作业均取得了可观的进展，但大量老化武的回收仍在继续进行。

第六条核查

1.15　在《公约》的第六条，技秘处于 2020 年核实了 31 个缔约国宣布的在 82 处设施和厂区进行的活动。由于新冠肺炎疫情及其对被视察缔约国的影响，技秘处无法完成在 2020 年方案和预算（C-24/DEC.12，2019 年 11 月 28 日）中构想的全部 241 次第六条视察。其中包括：附表 1 设施 7 处（占视察计划中附表 1 设施的 64%）、附表 2 厂区 16 处（占视察计划中附表 2 厂区的 38%）、附表 3 厂区 4 处（占视察计划中附表 3 厂区的 21%）和其他化学生产设施厂区 55 处（占视察计划中其他化学生产设施厂区的 33%）。

1.16　有 11 个缔约国报称其预计在 2020 年将作为出口国或进口国参与在缔约国之间进行的 19 起附表 1 化学品的转让。于 2020 年收到的宣布显示，在 2019 年有 63 个缔约国出口了 11653 吨的附表 2 化学品；123 个缔约国出口了 528186 吨的附表 3 化学品。2019 年，没有任何关于附表 1 化学品的转让的报告，也没有报告任何向非缔约国进行的附表 2 化学品的转让。

优化核查制度

1.17　2020 年，继续对在美利坚合众国的一个化武销毁设施开展的核查活动进行了精简。在该设施采用了一项变更，以提高对正在销毁的弹药进行清点的效率。

1.18　2020 年，技秘处继续增加了作为节省资源方式的连续视察（1次任务含 2 次视察）的次数。17 个缔约国同意在其境内进行连续视察。2020 年计划进行 61 次连续视察，由于新冠肺炎疫情，只进行了 19 次连续视察。在报告期内，只在 1 个附表 2 厂区进行了 1 次附带取样和分析的第六条视察。

1.19 技秘处多年来通过核查信息系统方案，其中包含若干信息技术组件和相关项目，扩大了信息技术工具在宣布数据的编制、提交及处理方面的使用。这些工具为技秘处和缔约国双方带来增效。在核查相关信息的处理和有效监督方面，核查信息系统和相关的数据分析工具可谓至关重要，技秘处继续为提高此类能力而就相关手段展开研究。用于宣布相关数据的资料安全交换系统为在缔约国与技秘处之间交换包括机密性资料在内的电子宣布和其他资料提供了安全的电子渠道。截至 2020 年 12 月 31 日，共有 60 个缔约国的 92 个用户在资料安全交换系统中注册。

1.20 由于新冠肺炎疫情，不提交或逾期提交宣布的情况仍然对技秘处有效地行使核查职责的能力造成了不利影响。

1.21 2020 年，技秘处一共处理了 711 份（共计 10506 页）缔约国来文、宣布及其他与核查相关的文件。

2. 视察

2.1 2020 年，如果不将与阿拉伯叙利亚共和国或其他缔约国相关联的核查活动计算在内，则技秘处进行了 125 次视察 / 轮换；在 32 个缔约国的 99 个设施投入了 4830 个视察员日。若算上投入与伊拉克共和国和阿拉伯叙利亚共和国相关的其他行动的视察员日，则 2020 年的视察员日总计为 5659 天。平均每月投入的视察员日为 472 天。

2.2 表 1 记录了在 2020 年完成的视察或轮换的次数、类型及视察活动的其他统计，而表 2 则列出了自《公约》生效之日至 2020 年 12 月 31 日完成的视察。

表 1　2020 年的视察活动

设施种类	可视察或运行中的设施数①	完成的视察数②	所视察的设施或现场数	视察员日数
与化学武器相关的视察				
化武销毁设施	3	29	3	3798
化武储存设施	2	4	2	54
化武生产设施	15	5	5	25
老化武	7	5	5	47
遗弃化武③	27	0	0	0
高危化武的销毁	不适用	0	不适用	0
小计	**54**	**43**	**15**	**3924**
与阿拉伯叙利亚共和国相关的视察员日数				829
与化学武器相关的视察员日总数				**4753**
第六条视察				
附表 1	26	7	7	189
附表 2	212	16	16	234
附表 3	353	4	4	31
其他化学生产设施	4262	55	55	452
小计	**4853**	**82**	**82**	**906**
总计	**4907**	**125**	**97**	**4830**
视察员日的总计数，包含与阿拉伯叙利亚共和国相关的行动所使用的视察员日数				**5659**

表 2　自《公约》生效之日至 2020 年 12 月 31 日进行的视察活动④

设施种类	完成的视察数	所视察的设施或现场数	视察员日数
与化学武器相关的视察			
化武销毁设施	1956	46	225393
化武储存设施	517	37	15367
化武生产设施	522	82	9423
老化武	162	39	2499

---

① 对化武销毁设施和遗弃化学武器销毁设施而言：在 2020 年处于运转中的设施数。对化武储存设施、化武生产设施、老化武和遗弃化学武器而言：2020 年的可视察设施数。对第六条设施而言：2020 年的可视察设施数。

② 技秘处在阿拉伯叙利亚共和国的任务具有独特性，故此列未包含在该缔约国境内进行的视察。因此，这里报告的数字可能与下文各节陈述的内容略有差异，因为在下文中尽可能地涵盖了在叙利亚的行动，特别是与化武生产设施和遗弃化武相关的行动。

③ 其中包括遗弃化武销毁设施。

④ 对于化武储存设施，与所视察设施的数量相关的数字不包括被宣布为"化武销毁设施中的化武储存设施"的设施，是因为此类设施已被确认为相应化武销毁设施的组成部分，而非单独实体。

续表

设施种类	完成的视察数	所视察的设施或现场数	视察员日数
遗弃化武	148	53	3761
高危化武的销毁 / 化武的紧急销毁	25	不适用	1734
小计	**3330**	**257**	**258177**
与应急行动相关联的视察员日			14825
与化学武器相关的视察员日总数			**273002**
第六条视察			
附表 1	321	38	5639
附表 2	926	416	21208
附表 3	511	416	7590
其他化学生产设施	2368	2075	28188
小计	**4126**	**2945**	**62625**
总计	**7456**	**3202**	**320802**
包含与应急行动相关联的视察员日在内的总计数			**335627**

第六条视察的分布

2.3   2020 年，31 个缔约国接受了第六条视察。第六条视察的分布情况见表 3，第六条视察在各区域的分布情况见表 4。

表 3   第六条视察的分布情况

年份 / 年	2010	2011	2012	2013	2014	2015	2016	2017	2018	2019	2020
视察数	208	208	219	219	229	241	241	241	241	241	82
被视察缔约国数	38	39	44	46	50	43	50	48	43	41	31
占了全部视察一半的缔约国数	6	7	6	7	7	6	7	6	7	6	8

表 4   第六条视察在各区域的分布情况

区域组	工业视察数	占总数的比例	可视察厂区的比例
非洲	1	1%	1%
亚洲	29	35%	59%
东欧	7	9%	3%
拉丁美洲和加勒比	3	4%	5%
西欧和其他国家	42	51%	32%

质疑性视察和指称使用调查

2.4   2020 年，没有接到任何根据《公约》提出的进行质疑性视察

或指称使用调查的请求。尽管如此，根据执理会第 EC-83/DEC.5 号决定
（2016 年 11 月 11 日），技秘处部署了若干次事实调查行动、1 次技术援
助访问（TAV/01/20）[①]和多次非例行任务。2020 年，视察局司集中精力
于改善质疑性视察的常备状态。能力建设和应急规划分队举办了远程讲
习班，其中有 60 多名学员参与。

2.5　根据缔约国大会（以下简称大会）第四届特别会议通过的第
C-SS-4/DEC.3 号决定（2018 年 6 月 27 日）第 18 段，技秘处正在制定
有关备选方案，用以进一步协助缔约国防范非国家行为方构成的化学武
器威胁，并支持缔约国制定用以应对万一发生的化学武器攻击的应急计
划。2020 年，在禁化武组织总部开办了跨司业务规划课程，以改善技秘
处执行可能的非例行任务的常备状态。

视察员培训

2.6　2020 年，能力建设和应急规划分队协调进行或实际落实了
1227 个培训日。培训方案包括 31 个单独的培训课程，为期 47 个日历周。
2020 年，50% 的培训课程为在线举办，而其余在比利时王国、意大利共
和国、荷兰王国和大不列颠及北爱尔兰联合王国开设。美利坚合众国协
助开办了危险废物作业和紧急应对在线培训课程。能力建设和应急规划
分队还开设了强制性视察员进修课程，有利于视察员随时了解技术和核
查政策方面的发展情况，并参加有关使用防护设备和关于禁化武组织的
保密制度的进修课程。还为新晋升的视察组组长举办了一期履新培训课
程。新的 S 组视察员进行了为期 14 周的初步必修培训方案。尽管有新
冠肺炎疫情，视察员的初步培训于 2020 年 8 月开始，11 月结束，而有
毒化学品培训课程、模拟视察和在职培训则已推迟，并将在形势好转时
再举办。新的化学武器弹药专家接受了侦察和储存培训、老化武和遗弃
化武培训及军械现场识别培训。其他培训活动包括实地环境中的安全和
保障方法课程，这是部署在高风险地区的技秘处人员的必修内容；无损

---

① 该技术援助访问的报告综述已通过一份技秘处的说明（S/1906/2020）印发。

检测评估（Non-Destructive Evaluation，NDE）培训这门课程的目的是帮助有关人员保留其认证资格，并提高他们关于禁化武组织认可的无损评价方法的知识和技能。

3. 化学武器

3.1　技秘处派员常驻在运转中的化武销毁设施内，从而监督正在进行的宣布活动，以及对化学武器的销毁进行核查。这可以是现场实地观察，也可以通过现场仪器（包括专供视察员使用的设备）和审查有关文件资料来进行观察。为了核查，视察员获准不受妨碍地进行察看，以便监测工艺参数。此外，通过取样和分析活动，技秘处得以核实所销毁的是何种化学战剂。通过对销毁过程的观察、对所产生的副产品的取样分析，以及在适用情况下对已抽空并已洗消的弹体进行热处理和切割，技秘处能核实已经彻底销毁的化学武器的宣布数量，核实无化学武器转移。另外，技秘处还视察了化武储存设施，以确保除符合《公约》规定外，不存在未被发现的转移化学武器的情形。

3.2　2020 年，在化武销毁设施视察中投入了 3798 个视察员日（2019年为 3435 个）；在化武储存设施的视察工作中共耗时 54 个视察员日（2019 年为 100 个）。此外，与在阿拉伯叙利亚共和国进行的活动相关的行动共计耗时 829 个视察员（2019 年为 706 个）。

3.3　2020 年，经技秘处核实，共计销毁了 592.142 吨第 1 类化学武器。这比 2019 年有所减少，即经核实的销毁的总量达到了 612.090 吨。

3.4　至报告完成时，经核实已销毁的第 1 类和第 2 类化学武器总量（其中包括为《公约》不加禁止的目的从库存中取出的化学武器）共计为 71140.763 吨[①]，占宣布的化学武器的 98.39%[②]，1998—2020 年经核实

[①] 该数据援引自 2020 年《关于禁止发展、生产、储存和使用化学武器及销毁此种武器的公约》的履行状况，经核算实际数据为 71113.764 吨。

[②] 该数据援引自 2020 年《关于禁止发展、生产、储存和使用化学武器及销毁此种武器的公约》的履行状况，经核算实际数据为 98.35%。

已销毁的化学武器累计总量如图 1 所示。

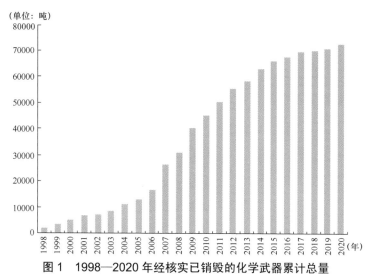

图 1　1998—2020 年经核实已销毁的化学武器累计总量

3.5　至报告完成时，仅剩美利坚合众国 1 个缔约国尚未彻底销毁完其宣布的化学武器。

3.6　2020 年，有 3 处化武销毁设施进行了第 1 类化学武器的销毁；2 处设施销毁了已回收的第 1 类化学武器。2020 年运行中或建造中的化学武器销毁设施见表 5。

表 5　2020 年运行中或建造中的化学武器销毁设施

美利坚合众国	1. 普埃布洛化学剂销毁中试车间（PCAPP）
	2. 布鲁格拉斯化学剂销毁中试车间静态引爆室（BGCAPP-SDC）＊
	3. 布鲁格拉斯化学剂销毁中试车间（BGCAPP）＊
	4. 回收的化学武器销毁设施（RCWDF）
	5. 原型引爆测试和销毁设施（PDTDF）＊＊
	6. 化学转装设施 / 弹药评估处理系统（CTF/MAPS）＊＊＊

注：＊ 设施已于 2020 年 1 月启动了销毁作业。
＊＊ 设施对从化学武器上拆除的引信进行了测试和销毁。
＊＊＊ 设施未在 2020 年进行任何销毁。

遵守销毁义务方面的进展

3.7　至报告完成时，某缔约国①、阿尔巴尼亚共和国、印度共和国、

———————

① 该缔约国要求将国名列为高度保护级的资料。因此，考虑到本报告的目的，将之称为"某缔约国"。

利比亚国、俄罗斯联邦、阿拉伯叙利亚共和国和美利坚合众国共计宣布了 72304.339[①] 吨的化学武器（70493.636 吨的第 1 类化学武器和 1810.703 吨的第 2 类化学武器），这些化学武器的载体为 8270589 枚（件）弹药和容器。截至 2020 年 12 月 31 日，上述化学武器中约 98.39% 已核实销毁或从化学武器库存中取出用于《公约》不加禁止的目的，共计为 71140.763 吨（69330.060 吨的第 1 类化学武器和 1810.703 吨的第 2 类化学武器）[②]。拥有缔约国亦已宣布了 417833 件第 3 类化学武器，但这类化学武器已在 2020 年之前全部销毁。

3.8 2011 年，根据第 31 次执理会的建议，大会第十六届会议通过了关于 2012 年 4 月 29 日最后延长期限的决定（C-16/DEC.11，2011 年 12 月 1 日）。根据该决定，美利坚合众国于 2012 年 4 月提交了关于其剩余化学武器的详细销毁计划，其中订明了销毁其剩余化学武器的计划完了日期。

3.9 截至 2020 年 12 月 31 日，经禁化武组织视察员核实，上述 7 个宣布了拥有化学武器库存的缔约国的化学武器销毁量如下所述。

（a）第 1 类化学武器：经技秘处核实，已销毁 69330.060[③]吨此类化学武器。此外，根据《公约》第六条和《公约》的《核查附件》（以下简称《核查附件》）第六部分第 2 款（d）项，合计取出了 2.913 吨第 1 类化学武器。在上述合计数量中，67064.480 吨为一元化学武器（在 2020 年销毁了其中的 592.142 吨），其中包括路易氏剂、沙林（GB）、硫芥气（包括 H、HT、HD）、塔崩（GA）、带消泡剂（UCON）的塔崩、梭曼（GD）和黏性梭曼（GD）、VX 以及一种不明化学剂。装有上述化学战剂的载

---

① 该数量采用了凑整规则。

② 此合计数量包含 2.913 吨为《公约》不加禁止的目的而从第 1 类化学武器库存中取出的附表 1 化学品［见《核查附件》第六部分第 2 款（d）项］。该数据援引自 2020 年《关于禁止发展、生产、储存和使用化学武器及销毁此种武器的公约》的履行状况，经核算实际数据为：截至 2020 年 12 月 31 日，上述化学武器中约 98.35% 已核实销毁或从化学武器库存中取出用于《公约》不加禁止的目的，共计为 71113.764 吨（69303.061 吨的第 1 类化学武器和 1810.703 吨的第 2 类化学武器）。

③ 该数据援引自 2020 年《关于禁止发展、生产、储存和使用化学武器及销毁此种武器的公约》的履行状况，经核算实际数据为 69303.061 吨。

体为 7658052（件）弹药和容器 [在 2020 年销毁了其中的 117605 枚（件）]、
体积小于 2m³ 的其他储存器皿以及更大容量的储存罐。另有 2262.667 吨
被宣布为二元化学武器（在 2020 年未进行任何销毁），其中包括甲基膦
酰二氟（DF）、甲基亚膦酸乙基 -2- 二异丙氨基乙酯（QL）、异丙醇和异
丙胺的混合物（OPA）、甲基硫代磷酸纳、六胺、二异丙基氨基乙基氯
盐酸盐、二乙基氨基乙基氯盐酸盐和异丙醇。经技秘处核实已销毁的
二元弹药合计为 785066 枚（件），其中，有 415108 枚炮弹、另行宣布
的 369958 个 DF 和 OPA 滤毒罐以及 306 个其他二元组分容器。

（b）第 2 类化学武器：经技秘处核实，已销毁了 1810.703 吨第 2 类
化学武器，其中包括 CNS、硫二醇醇（TDG）、二氯乙醇（2-CE）、光气、
硫化钠、氟化钠、氯苯乙酮（CN）、亚当氏剂（DM）、三氯氧磷、三氯
化磷、五氯化磷、氟化氢、盐酸、单异丙胺、二异丙基氨基乙醇、亚硫
酰氯、三乙胺、亚磷酸三甲酯、二甲酯、丁醇、甲醇、频哪基醇和三丁
胺以及 3847 枚炮弹。

（c）第 3 类化学武器：经技秘处核实，已销毁了向禁化武组织宣布
的 417833 枚（件）第 3 类化学武器。

执行理事会的代表进行的访问

3.10　在大会第十一届会议上，由于若干拥有化武的缔约国的最后
销毁期限被延长了，大会通过了一项关于由执理会的代表对运行或在建
中的化武销毁设施进行访问的决定（C-11/DEC/20，2006 年 12 月 8 日）。
根据该决定，此种访问是一种手段，用以解决与一个缔约国关于在其延
长的期限内履行销毁化学武器的义务的方案有关的问题或关切。

3.11　在 2020 年，执理会的代表没有进行任何访问。

3.12　根据大会的上述决定，美利坚合众国邀请了执理会代表于
2021 年访问位于肯塔基州的布鲁格拉斯化学剂中试车间。

阿拉伯叙利亚共和国

3.13　根据执理会第 EC-M-33/DEC.1 号决定（2013 年 9 月 27 日），

阿拉伯叙利亚共和国向缔约国提供了所有相关的资料。

3.14 经技秘处核实，阿拉伯叙利亚共和国已全部销毁了宣布的第 1 类和第 2 类化学武器。

美利坚合众国

3.19 2020 年，美利坚合众国提交了 2 份对其初始宣布的修订，涉及对普埃布洛化武储存设施的现场示意图的变更。

3.20 根据大会第 C-16/DEC.11 号决定，美利坚合众国通过年度和 / 或定期报告的形式向执理会和大会通报了关于在 2012 年 4 月 29 日最后延长期限之后彻底销毁剩余化学武器方面取得的进展。2020 年，已按照上述决定的规定按时向技秘处提交了所有必需的报告[1]。在提交给大会的最新进度报告中，美利坚合众国向技秘处通报了截至 2020 年 10 月 31 日销毁剩余的化学武器库存进展情况，其中包括通报了为使 3 个化武销毁设施的销毁进展和活动提速而采取的措施（普埃布洛化学剂销毁中试车间，在 2020 年继续进行销毁作业并安装了 3 个 1200 型静态销毁室；布鲁格拉斯化学剂销毁中试车间的静态销毁室，在 2020 年继续进行销毁作业；布鲁格拉斯化学剂销毁中试车间，于 2020 年 1 月开始销毁作业并继续开展现场作业以安装 1 个 2000 号静态销毁室）。

3.21 根据关于 2020 年 1 月 1 日至 12 月 31 日的化学武器销毁的年度报告，已经在下列设施中总共销毁了 592.142 吨的第 1 类化学武器：位于科罗拉多州的普埃布洛化学剂销毁中试车间；位于肯塔基州的布鲁格拉斯化学剂销毁中试车间和布鲁格拉斯化学剂销毁中试车间静态销毁室；位于特拉华州多佛空军基地的已回收化学武器销毁设施。此外，从存放在布鲁格拉斯化武储存设施的化学武器上拆除了共计 30 枚引信，然后在原型引爆测试和销毁设施中对其进行测试和销毁。

3.22 在美利坚合众国 2021 年的销毁详细年度报告中，向技秘处

---

[1] EC-93/NAT.2（2020 年 2 月 19 日）；EC-94/NAT.11（2020 年 6 月 17 日）；EC-95/NAT.4（2020 年 9 月 16 日）；C-25/NAT.3（2020 年 11 月 10 日）。

通报了以下情况：按照计划，将在普埃布洛化学剂销毁中试车间、布鲁格拉斯化学剂销毁中试车间、布鲁格拉斯化学剂销毁中试车间静态引爆室和各个已回收化学武器销毁设施中销毁 497.296①吨的 HD、HT、H、VX 和一种不明化学剂（第 1 类化学武器）。

3.23　除了上述情况，美利坚合众国在 2020 年还提交了下列资料。

（a）关于销毁化学武器的年度报告（2019 年 1 月 1 日至 12 月 31 日）。

（b）关于在新冠肺炎疫情期间为视察采取的有关措施的信函。

（c）关于在原型引爆测试和销毁设施中对 M417 引信进行测试和销毁的详细设施资料的增补。

（d）对用于 Veolia 处理、储存和处置设施的普埃布洛详细设施资料的第 2 份增补的修订。

（e）用于 3 个新增添的静态引爆室的普埃布洛详细设施资料的第 3 份增补。

（f）载有以下建议的信函：利用在布鲁格拉斯设施现场的视察组，于 2020 年 11 月 16 日和 17 日在肯塔基州布鲁格拉斯化学操作区进行 2020 年年度回收化学武器销毁审查。

（g）对议定的普埃布洛设施的化学武器销毁的详细核查计划的修订。

（h）对普埃布洛设施的设施协定的修订和修改。

3.24　截至 2020 年 12 月 31 日，经技秘处核实，美利坚合众国已销毁或为《公约》不加禁止的目的取出的第 1 类化学武器达到了 26606.252 吨，占其宣布的此类库存总量的 95.81%。该缔约国此前已经完成了对其宣布的第 2 类化学武器（0.010 吨）和全部 81020 枚第 3 类化学武器的销毁。

3.25　2020 年，技秘处对在美利坚合众国的 592.142 吨第 1 类化学武器的销毁进行了核查。这包括已经在位于科罗拉多州的普埃布洛化学

---

① 对该数量采用了凑整规则。

剂销毁中试车间中销毁的装填在 106257 枚弹药中的 526.838 吨 HD 硫芥子气；已经在位于肯塔基州里士满的布鲁格拉斯化学剂销毁中试车间静态引爆室中销毁的装填在 7370 枚弹药中的 39.135 吨 HD 硫芥子气；在位于肯塔基州里士满的布鲁格拉斯设施销毁的装填在 3977 枚弹药中的 26.169 吨 GB 沙林；在位于特拉华州多佛空军基地的已回收化学武器销毁设施中销毁的装填在 1 枚弹药中的 0.000610 吨不明化学剂。技秘处还确认了如下情况：从存放在布鲁格拉斯化学操作区的化学武器上拆除了 30 枚引信；而对这些引信，已经在位于亚拉巴马州的安尼斯顿军械库的静态引爆室（原型引爆测试和销毁设施的非毗邻现场）进行了测试和销毁。

3.26 此外，在进行销毁作业的同时，技秘处已核实了下列情况：在位于亚拉巴马州的安尼斯顿军械库的普埃布洛设施的非毗邻爆炸销毁系统设施中销毁了取出的高能组分，同时销毁的水解产物被运到了位于得克萨斯州的阿瑟港的普埃布洛设施的非毗邻的 Veolia 处理、储存和处置设施。

3.27 2020 年 10 月 19 日至 21 日，技秘处对位于科罗拉多州普埃布洛的普埃布洛设施的 3 个新安装的静态引爆室进行了工程终审。因此对普埃布洛设施的设施协定和议定的详细核查计划进行了修订和修改。两份文件（EC-95/DEC/CRP.3，2020 年 9 月 22 日；EC-95/DEC/CRP.2/Rev.1，2020 年 11 月 16 日）均已提交第 95 次执理会供批准，并在第 96 次执理会上得到了核准（EC-96/DEC.5 和 EC-96/DEC.6，均为 2021 年 3 月 10 日）。

3.28 技秘处于 10 月 16 日至 17 日进行了一次视察，以审查在 2020 年涉及如下销毁的文件：在多佛空军基地已回收化学武器销毁设施回收并销毁的 1 枚弹药；在原型引爆测试和销毁设施的安尼斯顿军械库的静态引爆室测试并销毁的 30 枚引信。根据审查有关销毁的文件的结果，其中包括审看被视察缔约国提供的有关录像，视察组确认了以下情况：1 月，在多佛空军基地的已回收化学武器销毁设施中，销毁了装填在 1 枚 MKII 75mm 炮弹中的 0.000610 吨不明化学剂；在原型引爆测试和销毁设施的安尼斯顿军械库的静态引爆室非毗邻现场测试并销毁了 30 枚 M417 引信。这些引信从已宣布并存放在布鲁格拉斯化学操作区的 M55 火箭弹上拆除。

4. 化武储存设施

2020 年，技秘处对美利坚合众国的两个化武储存设施开展了 4 次视察。至报告完成时，两个化武储存设施仍在接受系统性核查。

5. 优化在化武储存设施和化武销毁设施的核查活动

5.1　为响应大会第七届会议（C-7/5 第 13.7 和第 13.8 段，2002 年 10 月 11 日）和一审大会（RC-1/5 第 7.37 段，2003 年 5 月 9 日）的要求，技秘处在 2020 年继续努力优化其核查活动。

5.2　技秘处与美利坚合众国对该缔约国的两个余下的销毁现场进行优化，其目的是限制与核查活动相关的费用，同时符合《公约》严格的核查规定。特别是对普埃布洛设施的设施协定进行了修改，以体现 1 个核查点的变更。已确立的修改符合关于核查活动的优化和效率的技秘处第 EC-38/S/4 号说明（2004 年 9 月 27 日）。

6. 化学武器生产设施

6.1　对于已向禁化武组织宣布的 97 处化武生产设施，经总干事核证，其销毁或改装完成情况如下：已核证销毁的为 74 处；已为《公约》不加禁止目的改装的为 23 处。

6.2　2020 年，根据执理会第 EC-M-43/DEC.1 号决定（2014 年 7 月 24 日），技秘处对阿拉伯叙利亚共和国已销毁的化武生产设施的 5 个地下建筑进行了 5 次查访。

6.3　在技秘处完成的开展监控任务授权的基础上，安装在 4 个地下建筑中的远程监控系统已拆除并运走。禁化武组织核查组的成员见证了这一过程。

7. 老化学武器和遗弃化学武器

7.1　在老化武方面，技秘处的核查工作包括对宣布有老化武弹药的缔约国所宣布的储存设施进行视察，以检查年度宣布或临时宣布及其他通知所报告的任何变化（回收、销毁或重新列报）是否一致。

7.2　在遗弃化武方面，由于新冠肺炎疫情，2020 年计划的所有遗弃化武视察均已暂停。技秘处与中国和日本就遗弃化武事宜的最新进展保持着密切联系。2020 年 9 月 23 日和 12 月 21 日，技秘处、中国和日本之间以视频会议方式进行三方会晤。

7.3　2020 年，技秘处在 5 个缔约国进行了 5 次老化武视察。7 个缔约国宣布了发现的已确认或疑似老化武为 2503 枚，4 个缔约国报告了已销毁的老化武为 1765 枚。这些数据包括了在 1925 年以前生产的和在 1925 年至 1946 年间生产的老化武。老化武的构成如下：1476 枚弹药被宣布为 1925 年以前生产；1027 枚弹药被宣布为 1925 年至 1946 年间生产；同时在已销毁的 1765 枚弹药中，1311 枚老化武为 1925 年以前生产，454 枚老化武为 1925 年至 1946 年间生产。

7.4　2020 年，技秘处没有收到关于新发现或已销毁的遗弃化武的资料提交。日本遗弃在中国境内的化学武器本应按 2012 年 4 月 29 日的期限予以销毁（EC-46/DEC.4，2006 年 7 月 5 日）。根据执理会第 EC-67/DEC.6 号决定，日本遗弃在中国境内的化学武器的销毁在 2012 年 4 月 29 日后将按照 2016 年以后的销毁计划（EC-84/NAT.6）和《公约》的规定继续进行。由于受新冠肺炎疫情的影响，2020 年位于哈尔巴岭和哈尔滨的两个遗弃化武销毁设施仍然处于暂停状态，因此自 2020 年 1 月 1 日以来一直没有开展销毁作业。

宣布的库存

7.5 从《公约》生效至 2020 年 12 月 31 日，18 个缔约国宣布了其境内有老化武。其中，12 个缔约国宣布了 75156 枚（件）在 1925 年至 1946 年间生产的老化武；11 个缔约国宣布了 74197 枚（件）在 1925 年以前生产的老化武。根据《公约》相关条款，所有这些缔约国均已向技秘处提供了有关回收和销毁作业的资料，以及有关为销毁或处置老化武而采取的步骤的必需的资料。2020 年，向技秘处提交了与老化武有关的若干文件的国家有：比利时王国、爱沙尼亚、法兰西共和国、德意志联邦共和国、意大利共和国、拉脱维亚和大不列颠及北爱尔兰联合王国。

7.6 截至 2020 年 12 月 31 日，9 个缔约国（比利时王国、爱沙尼亚、法兰西共和国、德意志联邦共和国、意大利共和国、拉脱维亚、荷兰王国、所罗门群岛和大不列颠及北爱尔兰联合王国）的境内仍有老化武或疑似老化武，且仍有大约 37800 枚（件）老化武尚待销毁或予以另行处置。

7.7 截至 2020 年 12 月 31 日，3 个缔约国宣布了其境内有确认的遗弃化武。尤其是在中国，在遍布 18 个省的 90 多处地点发现了 84195 枚（件）日本遗弃在中国境内的化学武器。至本报告的截稿日，经报告已销毁的遗弃化武总数为 57701 枚（件）。

8. 工业核查

8.1 至报告完成时，按照第六条核查制度在全球范围内宣布的设施共计为 5347 个，其中的 4853 个须接受系统核查，见表 6。2020 年，技秘处对 31 个缔约国的 82 个设施和厂区的宣布的活动进行了核查。故此，在 2020 年共进行了：7 次附表 1 设施视察、16 次附表 2 厂区视察、4 次附表 3 厂区视察和 55 次其他化学生产设施厂区视察。

表 6 截至 2020 年 12 月 31 日根据第六条宣布的设施

制度	附表 1	附表 2	附表 3	其他化学生产设施	总计
宣布的设施数 宣布了第六条设施的缔约国数					
宣布数	26	492	410	4419	5347
应宣布数	26	445	383	4418	5272
可视察数	26	212	353	4262	4853
缔约国数	23	35	35	81	81

8.2 2020 年，11 次第六条视察留下了有关需予以进一步关注的一个或数个问题的记录，其中包括 2 次附表 1 视察、7 次附表 2 视察和 2 次其他化学生产设施视察。在 2020 年进行的任何视察中均没有报告不确定性问题。另外，在"收集进一步资料"的项下，记录了 55 项视察意见（根据技秘处的内部做法，宣布事项通常算不上需予以进一步关注的问题）。由于受新冠肺炎疫情影响，计划的视察无法全部完成，因此难以将该数据与此前几年的数据进行比较。

8.3 与 2019 年相比，2020 年视察计划中的连续视察的数量有所增加。其中的部分原因是所选取的厂区的地理位置，同时也因为在其中进行连续视察的有关被视察缔约国对此予以接受。但是，新冠肺炎疫情造成的影响使得计划无法完成。

8.4 2020 年，事后发现有 2 次其他化学生产设施视察是对不必视察的设施进行的（见第 8.16 段）。

附表化学品的转让

在 2019 年过去活动年度宣布中附表 1 化学品转让的情况

8.5 有 20 个缔约国在其 2019 年过去活动年度宣布中总计宣布了 50 次附表 1 化学品转让。在这些转让中，发送缔约国和接收缔约国对 49 次此种转让都进行了通知。对 1 次转让只有一个缔约国作了通知，而另一缔约国认为该转让涉及效能水平测试，因而不必宣布。在 2019 年总计进行了 109.157 克附表 1 化学品的转让。

根据 2019 年过去活动年度宣布而在缔约国之间进行附表 2 和附表 3 化学品转让的情况

8.6　根据在 2020 年收到的 2019 年过去活动年度宣布，总计有 63 个缔约国在 2019 年转让了附表 2 化学品，其总交易量为大约 11653 吨。与此同时，在 2019 年转让了附表 3 化学品的缔约国为 123 个，其总交易量约为 528186 吨。

根据 2019 年过去活动年度宣布而向非《公约》缔约国转让附表 2 和附表 3 化学品的情况

8.7　根据在 2020 年收到的 2019 年过去活动年度宣布，2019 年没有关于向非缔约国转让附表 2 化学品的报告。7 个缔约国向 2 个非缔约国出口了 5 种附表 3 化学品。

第六条　视察制度的优化

8.8　2020 年全年，技秘处继续努力优化第六条视察制度的效力和效率。

8.9　视察组的规模与在 2019 年进行同类视察时相当。不过，技秘处将对视察组的规模继续进行评价和再评估，以确保效力和效率尽可能达到最佳水平。

8.10　更新后的报告模板方便了视察后流程的进一步简化，因而减少了在这些设施进行现场视察的时间。在 2020 年，采用了更新后的视察报告模板，并得到视察组的充分运用。

8.11　2020 年全年，作为优化人力和物力资源利用的方式，技秘处还继续最大限度地增加连续视察的次数，见表 7。连续视察（1 次任务含两项视察）是一种提高视察工作效率的重要工具，故如有更多缔约国允许在其境内进行连续视察，特别是那些每年接受大量第六条视察的缔约国，效率甚至会进一步提高。在此方面，在 2020 年有 17 个缔约国在其领土上接受了国家内和 / 或国家间连续视察。在 2020 年进行的 61 次连续视察只开展了 19 次，有 17 次是在 1 个国家进行的，其余 2 次是在 4 个缔约国中进行的国家间连续视察。由于只进行了这 19 次连续视察，技秘处由此节省的旅行费用超过了 120000 欧元。

8.12　与 2019 年相比，在 2020 年进行的连续视察的次数要少得多。这是新冠肺炎疫情导致的无法完成全部的视察计划。

表 7　连续视察

各年的连续视察数											
年份 / 年	2009	2010	2011	2012	2013	2014	2015	2016	2017	2018	2019	2020
次数 / 次	42	40	47	48	57	51	59	54	58	57	62	19

8.13　技秘处正与如下的国家主管部门合作以获准在 2021 年开展连续视察：伊朗伊斯兰共和国、巴基斯坦、俄罗斯联邦和越南。技秘处在继续与上述缔约国进行接洽，以期找到一种方法来最终做到使技秘处的资源进一步优化。

取样和分析

8.14　2020 年，技秘处只进行了 1 次附带取样和分析的视察，见表 8。迄今为止，附带取样和分析的第六条视察的总数达到了 120 次。由于受新冠肺炎疫情的影响，为了减轻国家主管部门和厂区工作人员的负担，并保持视察组的规模尽可能小，附带取样和分析的视察均暂停。但是，要在 2020 年年底前恢复附带取样和分析的视察十分困难。

表 8　第六条厂区的取样和分析

各年的附带取样和分析的视察数											
年份 / 年	2009	2010	2011	2012	2013	2014	2015	2016	2017	2018	2019	2020
次数 / 次	9	9	8	9	8	9	11	11	10	9	6	1

8.15　经验证小组验证和执理会核准的分析数据一直不断地被纳入禁化武组织中央分析数据库（中央数据库）。执理会关于增列非附表化学品的衍生物的决定（EC-86/DEC.10，2017 年 10 月 13 日）是为改进中央数据库而采取的重要步骤。

对不必视察的第六条厂区的视察

8.16　2020 年，总计有 2 次第六条厂区视察是对不必视察的设施进行的（均为其他化学生产设施厂区）。该数字低于 2019 年记录的数目，低于前几年记录的数目。近年来，技秘处已设法通过多种方式解决不必视察的问题，其中包括双边磋商和发出澄清请求、内部分析与核对、在为国家主管部门举办培训课程和研讨班时进行教育和外联。此外，还开发了在线学习模块。表 9 显示了一段时间以来对可不接受视察的厂区的视察数。

表 9　对可不接受视察的厂区进行的视察数

年份 / 年	2010	2011	2012	2013	2014	2015	2016	2017	2018	2019	2020
次数 / 次	14	6	5	7	8	7	4	9	5	3	2

技秘处对工业和其他第六条事宜磋商的协助

8.17　在 2020 年 7 月和 10 月举行了 2 次非正式磋商。由于受新冠肺炎疫情的影响，计划于 3 月进行的第 3 次磋商被取消。缔约国就核查相关的议题开展了磋商，其中包括：

（a）附表 2 视察；

（b）在《公约》的《关于化学品的附件》中的附表 1 的修改生效的基础上，为缔约国提供关于第六条宣布义务和视察的指导；

（c）加强第六条的履行；

（d）筹划重启第六条的履行；

（e）重启第六条视察；

（f）关于 2019 年工业核查的概述；

（g）2019 年筛选其他化学生产设施厂区以供视察的选取方法的实施情况。

9. 与核查有关的其他活动

履约事宜

9.1　本节介绍了对技秘处有效行使核查职责的能力构成了挑战的事项。所罗列者并非全部内容。

拖欠初始宣布

进展和现状

9.2　截至 2020 年年底，193 个缔约国中已有 192 个国家提交了完整的初始宣布。2020 年，技秘处仍没有从汤加王国（到期日：2003 年 7 月 28 日）收到其尚未提交的《公约》第三条和第六条规定的初始宣布。技秘处将继续与汤加王国就此进行合作，以促其提交拖欠的初始宣布。

拖欠或逾期提交年度宣布

9.3　为使技秘处有效地完成核查任务，缔约国继续及时提交过去活动年度宣布和预计活动年度宣布是极其重要的。如果资料已经过时，不仅会导致选错厂区，还会增加对不必视察的厂区进行视察的次数，这两种情况都会损害视察资源的使用效率。不仅如此，逾期提交全国合计数据的缔约国可能会造成转让数据有出入。

后续行动

9.4　2020 年，技秘处继续按缔约国要求提供技术援助，以确保及时提交宣布。

进展和现状

9.5　自 2007 年通过了关于及时提交第六条宣布的决定（EC-51/DEC.1，2007 年 11 月 27 日），已定期请技秘处为执理会编写关于该决定执行情况的现状报告。技秘处在 2020 年提供了 2 份此类报告[①]。此外，在 2021 年发布了关于 2019 年过去活动年度宣布和截至 2020 年 12 月 31 日的 2021 年预计活动年度宣布的现状报告（EC-96/DG.5，2021 年 1 月 21 日）。

9.6　总的来说，85 个拥有应宣布设施或活动的缔约国提交了 2019 年过去活动年度宣布。其中，57 个缔约国按 2020 年 3 月 31 日这一时限至少提交了一部分规定的宣布，而 28 个缔约国在期限过后提交了其

---

① EC-93/DG.6，2020 年 1 月 17 日；及其 Corr.1,2020 年 1 月 24 日；及 EC-94/DG.13，2020 年 6 月 24 日。

2019 年过去活动年度宣布。

9.7 2020 年，42 个拥有应宣布设施或活动的缔约国提交了 2021 年预计活动年度宣布，其中 40 个在截止日期前做了提交。对于 2021 年附表 1 化学品和设施的预计活动年度宣布，23 个有关缔约国中的 22 个遵守了截止日期（2020 年 10 月 2 日）；对于 2021 年附表 2 和附表 3 化学品和设施的预计活动年度宣布，39 个有关缔约国中的 38 个遵守了截止日期（2020 年 11 月 1 日）。

9.8 按照总干事的说明（EC-53/DG.11，2008 年 6 月 17 日），技秘处继续通过双边会议、讲习班上的演示介绍及年度核对函等渠道和手段，向缔约国强调有必要审查其应宣布的其他化学生产设施清单。因此，截至 2020 年 12 月 31 日，在 80 个有关缔约国中，65 个（81.3%）在其 2019 年过去活动年度宣布中全面更新了其他化学生产设施清单，其结果是在 4447 个应宣布的其他化学生产设施，有 4385 个得到了更新（98.6%）。

更新用于鉴定附表化学品的禁化武组织工具

9.9 对《化学品手册》进行定期更新和修订，以收列缔约国宣布的任何新的附表化学品，同时补充有关标识物 [例如，化学文摘社登记号（CAS RNs）和给予附表化学品的协调代码] 出现的任何变化。2019 年版的《化学品手册》载有对化学品名称的编辑修改，以及将禁化武组织用于部分化学品的符号替换为相应的化学文摘社登记号。2020 年，技秘处发布了更新版的在线附表化学品数据库，其中，包含在第 S/1820/2019 号说明（2019 年 12 月 23 日）的附件中列出的 8 种特定的附表 1 化学品，其目的是落实大会第二十四届会议通过的对《关于化学品的附表》所做的修改（C-24/DEC.5，2019 年 11 月 27 日）。在对《关于化学品的附表》中的附表 1 进行的修改生效（S/1821/2019/Rev.1，2020 年 1 月 14 日；及其 Add.1，2020 年 5 月 20 日）之后，在总干事的说明中就有关义务向缔约国提供了指导。

关于附表 2 和附表 3 化学品的转让数据出入

9.10　虽然技秘处采取了后续行动，但根据 2019 年过去活动年度宣布，仍然有一些附表 2 和附表 3 转让数据出入问题[①]，这与上一年度的情况相同。尤其是在缔约国之间的附表 2 和附表 3 化学品转让总次数（817 起）中，约有 71%（581 起）的超过阈值的转让量存在转让数据出入。2019 年的过去活动年度宣布显示：上述 581 起附表 2 和附表 3 化学品的转让数据出入涉及 92 个缔约国。在这 581 起转让数据出入中，149 起涉及附表 2 化学品，432 起涉及附表 3 化学品。

规定的宣布的现状

控暴剂

9.11　关于从缔约国收到的为控暴目的而持有的化学品的资料，按照以往年度采取的做法，技秘处利用一切机会，如双边磋商、后续函件、澄清请求和核对函等，向缔约国强调更新其有关控暴剂的宣布的必要性。宣布了控暴剂的缔约国数目—按制剂类型显示如图 2 所示。

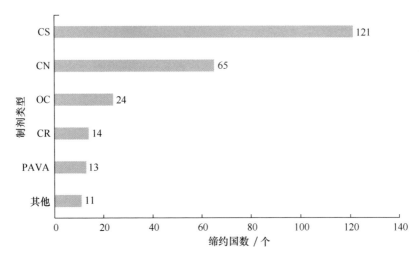

图 2　宣布了控暴剂的缔约国的数目—按制剂类型显示

[①] 当进口缔约国和出口缔约国各自宣布的附表 2 或附表 3 化学品转让数量之间的差异超过了《核查附件》第七部分第 3 款或第八部分第 3 款为该化学品规定的相关阈值时，就会产生转让数据出入。

宣布的处理

对宣布的澄清

9.12 在 2004 年的一项决定（EC-36/DEC.7, 2004 年 3 月 26 日）中，执理会促请缔约国对澄清请求从速做出反应，并制定了应在此种请求发出后 90 天内做出反应的时限，同时还建议：若无法判定某设施是否为可视察设施，技秘处应采取后续行动。

9.13 2020 年，技秘处未就设施的可视察与否发出任何澄清请求。在本报告期内，发现了少量与可视察性相关的问题，但这些问题的每一种情况都通过在技秘处和所涉缔约国之间的商谈而迅速得以解决，因而无须发出澄清请求。至本报告完成时，没有任何此种未决问题。

9.14 2020 年全年，宣布评估组（宣评组）继续进行有关澄清阿拉伯叙利亚共和国的初始宣布的工作。截至 2020 年 12 月 31 日，该评估组已开展了总计 23 轮磋商。2020 年，宣评组工作的初步结果已向第 93 次、94 次和 95 次执理会做了报告（EC-93/HP/DG.1；EC-94/HP/DG.2；EC-95/HP/DG.2；EC-95/HP/DG.3 及其 Add.1）。

宣布的处理

9.15 2020 年，技秘处收到了缔约国提交的 711 份文件（纸质和电子版），共计 10506 页。上述文件包括 108 项 2019 年过去活动年度宣布、63 项 2021 年预计活动年度宣布，以及其他与核查有关的文件。276 份文件（38.82%）为非机密级，共计 1927 页（18.34%）。但是，接收的纸面文件大部分是带密级的资料：138 份文件（1243 页）为"禁化武组织高度保护级"；151 份文件（6746 页）为"禁化武组织保护级"；146 份文件（590 页）为"禁化武组织限制级"。换言之，收到 61% 的文件（2019 年为 55.32%）和 81% 的页数（2019 年为 79.27%）是带密级的。技秘处继续确保所有文件的处理均严格按照禁化武组织的保密制度进行。同时，技秘处鼓励缔约国审慎评估其文件的密级，以尽可能地减少带密级的文件数量。

电子宣布

9.16　54 个缔约国完全或另外又以电子格式提交了 2019 年过去活动年度宣布（前 1 年为 53 个缔约国）。共有 33 个缔约国以电子格式提交了 2021 年预计活动年度宣布的原件（前一年为 36 个缔约国）。

9.17　在缔约国使用电子宣布信息系统提交其电子宣布的过程中，技秘处继续向缔约国提供了支持。技秘处举办了关于电子宣布的课程，以作为国际合作和援助司的能力建设活动的一部分。技秘处在 2020 年举办了更多的双边支持会议，以协助国家主管部门使用电子宣布信息系统。

9.18　2020 年，技秘处继续开发电子宣布信息系统，并侧重于实现老化武宣布和报告的电子化。电子宣布信息系统将通过在宣布的编制和提交过程中引入新功能来进一步加强核查制度。技秘处于 2020 年 2 月发布了电子宣布信息系统的初始版，其中包括面向国家主管部门的电子宣布工具的现有功能及针对第三条控暴剂宣布的新模块。

9.19　资料安全交换系统提供了一个安全的电子交换渠道，可用于在缔约国与技秘处之间交换电子宣布和其他资料，包括机密级的此种宣布和资料。2020 年，缔约国使用资料安全交换系统有所增加。截至 2020 年 12 月 31 日，共有来自 60 个缔约国的 102 名用户注册了资料安全交换系统并积极使用（相比而言，2019 年有来自 59 个缔约国的 105 名用户）。该系统的好处之一是，一直到截止日期之前的几天，国家主管部门还能开展关于其宣布的工作，不用考虑将涉密信息提交给技秘处所需要的时间（如通过外交邮袋）。

缔约国执行关于含附表 2A 和 2A* 化学品的化学品混合物的低浓度阈值的 2009 年大会决定的情况

9.20　大会第十四届会议批准了有关含附表 2A 和 2A* 化学品的混合物的低浓度阈值的准则的决定（C-14/DEC.4，2009 年 12 月 2 日）。这项决定要求缔约国按实际可能尽快执行准则。

9.21　该决定也要求技秘处最迟从 2012 年 1 月 1 日起，在《核查实施报告》中报告缔约国执行该决定的进展情况。为收集用于编写该报告的资料，总共进行了 10 次调查：2011 年（S/948/2011，2011 年 7 月 6 日）；2012 年（S/1040/2012，2012 年 9 月 18 日）、2013 年（S/1125/2013，2013 年 9 月 17 日）、2014 年（S/1213/2014，2014 年 9 月 12 日）；2015 年（S/1310/2015，2015 年 9 月 15 日）；2016 年（S/1420/2016，2016 年 9 月 13 日）；2017 年（S/1531/2017，2017 年 9 月 4 日）；2018 年（S/1668/2018，2018 年 9 月 3 日）；2019 年（S/1790/2019，2019 年 8 月 30 日）；2020 年（S/1894/2020，2020 年 9 月 2 日）。

9.22　截至 2020 年 12 月 31 日，对 10 次调查的回复的总体情况显示：在 193 个缔约国中，62 个至少对 10 次调查中的 1 次做了回复。在这 62 个缔约国中，42 个已执行了该决定，而其余 20 个尚未执行。

10. 对核查活动的技术支持

为核查目的进行的取样和分析

10.1　禁化武组织实验室为 2020 年的 1 次附带取样和分析的视察（1 个附表 2 厂区）进行了气相色谱 - 质谱仪的校准、准备和发送。用于每一次视察的仪器均经过内部监察办公室（监察办）的充分认证。

10.2　在为附带取样和分析的视察进行准备时，禁化武组织实验室向分析化学师视察员提供了协助和支持，其中包括备齐模拟工序流所需的化学品并提供关于结果分析方法的咨询。

禁化武组织正式效能水平测试

10.3　禁化武组织每年为希望参加禁化武组织分析实验室网络的机构举办效能水平测试。在本报告年内，完成了第 46 次禁化武组织关于环境分析的正式效能水平测试，进行了第 47 次测试，同时开始了第 48 次测试。此外，还进行了第 5 次生物医学效能水平测试。2020 年禁化武组织效能水平测试概览见表 10。

表 10　2020 年禁化武组织效能水平测试概览

测试名	第 46 次效能水平测试	第 47 次效能水平测试	第 48 次效能水平测试	第 5 次生物医学效能水平测试
样品制备	荷兰国家应用科学研究院（TNO）防务、安保和安全实验室	瑞典国防研究所（FOI）	禁化武组织实验室	美利坚合众国劳伦斯·利弗莫尔国立实验室
成绩评定	大不列颠及北爱尔兰联合王国国防科技实验室	美利坚合众国作战能力开发指挥所化学生物中心取证分析实验室	中国军事医学科学院毒物药物研究所毒物分析实验室	法国军备总署核生化辐控化学分析室
报名数①	22	112	243	26
成绩	10 项 A 7 项 B 2 项 C 2 项 D 0 项 F 1 个试参与人员	4 项 A 0 项 B 0 项 C 0 项 D 2 项 F	在 2021 年提供	18 项 A 2 项 B 0 项 C 4 项 D 1 项 F 1 个试参与人员

10.4　至报告完成时，共有 18 个缔约国的 21 所指定实验室（其中 5 所实验室被暂时中止了指定资格，无法从禁化武组织获得真实样本），13 个缔约国的 18 所实验室被指定进行生物医学样品分析，以及 12 个缔约国的 17 所实验室被指定进行环境样品分析。附件 2 列出了截至 2020 年 12 月 31 日，每一指定实验室的情况。

禁化武组织中央分析数据库

10.5　验证小组在 2020 年召开了一次会议，从技术上核准了 120 项新的分析数据。对从 2019 年的第 1 次验证小组会议和 2020 年的第 2 次（也是唯一的一次）验证小组会议中获得的数据进行了处理，然后将其提交执理会核准。

10.6　2019 年，执理会批准的总计 344 项新的分析数据已经纳入了新版的禁化武组织中央数据库（22 版）。这些数据现已经过监察办认证，并于 2020 年 1 月向缔约国发布。2020 年，为现场视察发布了一版中央数据库（数据库 / 提取的分析数据）。

———————
　① 包括进行样品制备 / 评估的实验室。

10.7 禁化武组织中央分析数据库的内容见表 11。

表 11　禁化武组织中央分析数据库的内容

中央分析数据库的分析数据量（前 5 个版本）				
	18 版	19 版	20 版	21 版	22 版
MS[①]	5412	5672	6070	6117	6187
IR[②]	988	999	1015	1033	1033
NMR[③]	1391	1391	1391	1392	1396
GC（RI）[④]	4639	4875	5245	5292	5357
MS/MS[⑤]	—	—	—	—	138
中央数据库的化学品种类[⑥]				
MS	4022	4225	4566	4602	4647
IR	734	745	756	775	775
NMR	298	298	298	299	300
GC（RI）	3878	4089	4439	4482	4543
MS/MS	—	—	—	—	38

禁化武组织实验室的资质认可

10.8　2020 年，监察办对禁化武组织实验室的 3 个已获得认证的活动领域进行了 2 次内部审计，从而确认实验室遵循了国际标准化组织的 ISO17025 和 17043 标准。

10.9　2020 年 3 月，荷兰资质认可理事会 Raad Voor Accreditatie（RvA）进行了 1 次外部审计，确认实验室遵循了 ISO17025 和 17043 标准。

多功能培训设施

10.10　新冠肺炎疫情严重影响了 2020 年的培训，所以在 2020 年，仅向来自智利的外部学员开办了 1 期基础效能水平测试培训。作为标准方案的一部分，为技秘处的工作人员举办了为期 5 天的内部培训，其中包括分析仪器的使用及取样和分析，还有若干安全课程。

---

① MS= 质谱。
② IR= 红外分光。
③ NMR= 核磁共振光谱。
④ GC（RI）= 气相色谱（保留值）。
⑤ MS/MS= 串联质谱仪。
⑥ 中央数据库中独立化学品的数量。

附件 2

禁化武组织指定的实验室名单[①]

序号	缔约国	实验室名称	获指定日期
1	比利时	比利时国防实验室	2004 年 5 月 12 日
2	中国	防化研究院分析化学实验室	1998 年 11 月 17 日
3	中国	军事医学科学院毒物药物研究所毒物分析实验室	2007 年 9 月 14 日
4	芬兰	芬兰《禁止化学武器公约》核查研究所	2017 年 3 月 29 日
5	法国	军备总署核生化辐控制化学分析室 *	1999 年 6 月 29 日
6	德国	防护技术和核生化防护军事研究所	1999 年 6 月 29 日
7	印度	防务研究和发展机构 VERTOX 实验室	2006 年 4 月 18 日
8	伊朗伊斯兰共和国	防化研究实验室	2011 年 8 月 3 日
9	荷兰	TNO 防务、安保和安全实验室	1998 年 11 月 17 日
10	巴基斯坦	国防科技组织分析实验室	2018 年 4 月 18 日
11	大韩民国	防务发展署生化部化学分析实验室	2011 年 8 月 3 日
12	罗马尼亚	CBRN 国防和生态科学研究中心，化学分析与特殊合成实验室 *	2018 年 8 月 29 日
13	俄罗斯联邦	军事研究中心化学和分析控制实验室 *	2000 年 8 月 4 日
14	俄罗斯联邦	"有机化学和技术国立科学研究所"联邦国立单一企业中央化学武器销毁分析实验室 *	2015 年 4 月 15 日
15	新加坡	DSO 国立实验中心国防医学和环境研究所核查实验室	2003 年 4 月 14 日
16	西班牙	"La Marañosa" 技术研究所化学武器核查实验室 *	2004 年 8 月 16 日
17	瑞典	FOI 生化辐核防卫安全部	1998 年 11 月 17 日
18	瑞士	瑞士核生化防务所施皮茨实验室	1998 年 11 月 17 日
19	大不列颠及北爱尔兰联合王国	波顿达恩国防科技实验室	1999 年 6 月 29 日
20	美利坚合众国	埃奇伍德化学生物中心—取证分析中心	1998 年 11 月 17 日
21	美利坚合众国	劳伦斯·利弗莫尔国立实验室	2003 年 4 月 14 日

[①] 实验室名称旁边的星号（*）是指因最近一次禁化武组织正式效能水平测试中的表现，至报告期终止时其禁化武组织指定实验室的地位仍被暂时中止。这些实验室在今后的禁化武组织效能水平测试中的成绩达到及格之前，将不考虑让它们接受现场外分析样品。

禁化武组织的指定实验室名单（生物医学分析类）

序号	缔约国	实验室名称	获指定日期
1	澳大利亚	防务科技集团	2016 年 8 月 1 日
2	中国	防化研究院分析化学实验室	2016 年 8 月 1 日
3	中国	军事医学科学院毒物药物研究所毒物分析实验室	2016 年 8 月 1 日
4	芬兰	芬兰《禁止化学武器公约》核查研究所	2016 年 8 月 1 日
5	法国	军备总署核生化辐控制化学分析室	2016 年 8 月 1 日
6	德国	药物学和毒理学军事研究所	2016 年 8 月 1 日
7	印度	防务研究和发展机构 VERTOX 实验室	2016 年 8 月 1 日
8	荷兰	TNO 防务、安保和安全实验室	2016 年 8 月 1 日
9	大韩民国	大韩民国化生放核指挥所化生放核研究中心	2020 年 12 月 2 日
10	俄罗斯联邦	军事研究中心化学和分析控制实验室	2016 年 8 月 1 日
11	俄罗斯联邦	卫生、职业病理学和人类生态学研究所（RIHOPHE）化学分析控制和生物测试实验室	2016 年 8 月 1 日
12	新加坡	DSO 国立实验中心国防医学和环境研究所核查实验室	2016 年 8 月 1 日
13	瑞典	FOI 生化辐核防卫安全部	2016 年 8 月 1 日
14	大不列颠及北爱尔兰联合王国	波顿达恩国防科技实验室	2016 年 8 月 1 日
15	美利坚合众国	疾病控制和预防中心	2017 年 7 月 11 日
16	美利坚合众国	埃奇伍德化学生物中心—取证分析中心	2016 年 8 月 1 日
17	美利坚合众国	劳伦斯·利弗莫尔国立实验室	2016 年 8 月 1 日
18	美利坚合众国	美国陆军化学防护医学研究所	2019 年 8 月 19 日

禁化武组织的指定实验室名单（环境分析类）

序号	缔约国	实验室名称	获指定日期
1	澳大利亚	防务科技集团	2016 年 8 月 1 日
2	中国	防化研究院分析化学实验室	2016 年 8 月 1 日
3	中国	军事医学科学院毒物药物研究所毒物分析实验室	2016 年 8 月 1 日
4	芬兰	芬兰《禁止化学武器公约》核查研究所	2016 年 8 月 1 日
5	法国	军备总署核生化辐控制化学分析室	2016 年 8 月 1 日
6	德国	药物学和毒理学军事研究所	2016 年 8 月 1 日

序号	缔约国	实验室名称	获指定日期
7	印度	防务研究和发展机构 VERTOX 实验室	2016 年 8 月 1 日
8	荷兰	TNO 防务、安保和安全实验室	2016 年 8 月 1 日
9	俄罗斯联邦	军事研究中心化学和分析控制实验室 *	2016 年 8 月 1 日
10	俄罗斯联邦	"有机化学和技术国立科学研究所"联邦国立单一企业中央化学武器销毁分析实验室	2016 年 8 月 1 日
11	新加坡	DSO 国立实验中心国防医学和环境研究所核查实验室 *	2016 年 8 月 1 日
12	瑞典	FOI 生化辐核防卫安全部	2016 年 8 月 1 日
13	大不列颠及北爱尔兰联合王国	波顿达恩国防科技实验室	2016 年 8 月 1 日
14	美利坚合众国	疾病控制和预防中心	2017 年 7 月 11 日
15	美利坚合众国	埃奇伍德化学 / 生物取证分析中心	2016 年 8 月 1 日
16	美利坚合众国	劳伦斯·利弗莫尔国立实验室	2016 年 8 月 1 日
17	美利坚合众国	美国陆军化学防护医学研究所	2019 年 8 月 19 日

2020 年《关于禁止发展、生产、储存和使用化学武器及
销毁此种武器的公约》的履行状况（节选）^①

（C-26/3　2021 年 12 月 1 日）

导言

1. 2020 年间，禁化武组织继续在国际的持续关注下开展工作，尤其是对其应对使用化学武器的方面。同时，虽然受到新冠肺炎疫情的影响，但禁化武组织继续在销毁剩余的已宣布化学武器库存方面取得了进展，积极进行并加强了工业核查以及国际合作和援助活动，并继续应对化学恐怖主义构成的挑战，同时拓展和维持了禁化武组织在教育和外联方面的努力。

2. 关于已宣布化学武器在 2020 年间的销毁进展，经技术秘书处（以下简称技秘处）核实，已经销毁了 592.142 吨第 1 类化学武器。

3. 在《禁止化学武器公约》（以下简称《公约》）生效之日至 2020 年 12 月 31 日期间，经技秘处核实已销毁了 69330.060 吨^②宣布的第 1 类化学武器，占宣布总量 98.35%^③。剩下的唯一一个拥有尚待销毁的已宣布化学武器的缔约国（美利坚合众国）继续按照其设定的 2023 年 9 月这一预定日期而进行其剩余化学武器库存的销毁。

4. 中国和日本对日本遗弃在中国领土上的化学武器的销毁、挖掘和回收问题继续进行了双边磋商。由于受到新冠肺炎疫情的影响，在 2020 年暂停了所有关于遗弃化学武器（以下简称遗弃化武）的视察。经与有关缔约国协商，在确保视察员和缔约国现场工作人员的健康和安全的同时，技秘处对老化武器（以下简称老化武）进行了 5 次视察。

---

① 本报告于 2021 年 11 月《公约》第 26 次缔约国大会上审议通过。
② 该数目包括根据《公约》的《核查附件》第六部分第 2 款（d）项取出用于《公约》不加禁止目的的 2.913 吨附表 1 化学品，经核算实际数据为 69303.061 吨。
③ 经核算实际数据为 98.31%。

5. 2020 年，禁化武组织进行了 82 次工业设施视察。在进行的 1 次附表 2 视察期间，开展了取样和分析活动。由于受到新冠肺炎疫情的影响，第六条视察次数减少。

6. 技秘处继续开发下一版的国家主管部门电子宣布工具，即"电子宣布信息系统"。

8. 2020 年，缔约国执行了大会于 2019 年通过的对《公约》的《关于化学品的附件》（以下简称《附件》）的附表 1 进行修改的两项建议（C-24/DEC.4 和 C-24/DEC.5，均为 2019 年 11 月 27 日）。

9. 2020 年，技秘处继续实施了旨在协助缔约国履行《公约》的能力的建设方案。技秘处为来自世界各地的 1550 名参与者举办了 48 项活动和方案。

10. 全面且有效地履行《公约》仍然是禁化武组织对全球反恐工作努力做贡献的基石。执理会的反恐工作组（不限成员名额）将其工作重点放在了加强打击化学恐怖主义的法律框架以及国际组织的合作上。若干能力建设倡议已聚焦于与打击化学恐怖主义相关的领域，例如立法和化学安全。

11. 禁化武组织的 3 个咨询机构，即科学咨询委员会（以下简称科咨委）、行政和财务问题咨询机构（以下简称行财咨询机构）及教育和外联咨询委员会（以下简称教联咨委会），继续根据各自的授权向禁化武组织提供了咨询意见。

12. 尽管受到新冠肺炎疫情的影响，公众仍然对禁化武组织工作十分感兴趣。2020 年，禁化武组织社交媒体平台的平均增长率为 13%，与 2019 年相比，禁化武组织总部的访客数量约为 385000 名用户，比 2019 年增长了 6%。虽然 2020 年 3 月暂停了现场到访，但技秘处借助线上团体访问、现场演示和视频信息等工具扩大了数码外联范围，从而调整了其运作方式。

13. 2020 年，《公约》的缔约国数量保持在 193 个。在《公约》的普适性行动计划框架内，技秘处在这一年中继续主动接触了剩余的非缔约国。

1. 核查

1.1　表 1 列出的是禁化武组织在 2020 年的视察情况。禁化武组织在 2020 年进行了 125 次视察，其中，35% 为化学武器方面的视察。2020 年，与非例行任务相关的行动又占了 829 个视察员日。

表 1　在 2020 年完成的视察

设施种类	视察次数	被视察设施或现场数	视察员日数
与化学武器相关的视察			
化武销毁设施	29	3[①]	3798
化武储存设施	4	2	54
化武生产设施	5[②]	5	25
老化武	5	5	47
遗弃化武[③]	0	0	0
非例行任务	不适用		829
小计	**43**	**15**	**4753**
第六条视察			
附表 1	7	7	189
附表 2	16	16	234
附表 3	4	4	31
其他化学生产设施	55	55	452
小计	**82**	**82**	**906**
总计	**125**	**97**	**5659**

1.2　截至 2020 年 12 月 31 日，8 个缔约国（某缔约国[④]、阿尔巴尼亚共和国、印度共和国、伊拉克共和国、利比亚国、俄罗斯联邦、阿拉

---

① 全部在美利坚合众国。
② 这包括对阿拉伯叙利亚共和国宣布的化武生产设施的 5 座地下建筑进行的访问。
③ 这包括遗弃化武储存和销毁设施。
④ 由于有关缔约国要求将其名视为高度保护级资料，故为了达到本报告的目的，在下文中将其称为"某缔约国"。

伯叙利亚共和国和美利坚合众国）宣布的化学武器合计为 72304.339 吨[①]
第 1 类和第 2 类化学武器；417833 枚第 3 类化学武器。附件 3 提供了更
多有关资料。

1.3　在老化武和遗弃化武方面取得了进展。宣布了拥有老化武的缔
约国继续以安全而有效的方式努力销毁这类武器。根据第 67 次执理会通
过的决定（EC-67/DEC.6，2012 年 2 月 15 日），中国和日本继续在遗弃
化武及其销毁方面进行了合作。此外，2020 年，中国和日本继续执行了
向第 84 次执理会联合提交的"2016 年以后中华人民共和国境内日本遗
弃化学武器销毁计划"（EC-84/NAT.6，2017 年 3 月 2 日），其中包含关
于销毁设施的最新资料，以及销毁的时间安排。

化学武器的销毁

1.4　在报告期内，3 个位于美利坚合众国的化武销毁设施进行了第
1 类化学武器的销毁[②]（见附件 2）。通过视察员的驻扎、利用监测和专
用录像设备以及查看有关文献资料，技秘处在 2020 年核实了 592.142 吨
第 1 类化学武器的销毁。

1.5　如附件 3 所示，从《公约》生效之日到 2020 年 12 月 31 日，
技秘处核了 69330.060 吨[③]已宣布的第 1 类化学武器的销毁，占其总
量的 98.35%[④]；1810.703 吨第 2 类已宣布化学武器的销毁，占其总量的
100%；417833 枚第 3 类已宣布化学武器的销毁，占其总量的 100%。

1.6　2020 年，技秘处核实了在美利坚合众国销毁了 592.142 吨化学
武器。至报告完成时，美利坚合众国是唯一还有尚未销毁完的已宣布化
学武器的拥有缔约国。截至 2020 年年底，经技秘处核实，在美利坚合
众国宣布的第 1 类化学武器中，共销毁了 26606.252 吨，占已宣布的库

---

① 该总量不包括俄罗斯联邦宣布的黏稠剂或伊拉克宣布的残留化学武器的重量。
② 不算老化武、遗弃化武或美利坚合众国正在进行系统化的化武销毁设施（布鲁格拉斯化学
剂销毁中试车间）（见附件 2）。
③ 该数目包括根据《核查附件》第六部分第 2 款（d）项取用于《公约》不加禁止目的的 2.913
吨附表 1 化学品，经核算实际数据为 69303.061 吨。
④ 经核算实际数据为 98.31%。

存量的 95.81%。美利坚合众国全部第 2 类和第 3 类化学武器此前都已销毁完毕。

化学武器储存设施

1.12　2020 年，技秘处对美利坚合众国的 2 个化武储存设施进行了 4 次视察。由于受到新冠肺炎疫情的影响，每次视察都是由部署在并置的化武销毁设施处的视察小组进行的。至报告完成时，有 2 个化武储存设施仍须接受系统核查。

化学武器生产设施

1.13　截至 2020 年 12 月 31 日，总干事已对以下设施颁发了有关认证证书：由 14 个缔约国向禁化武组织宣布的全部 97 个化武生产设施已销毁或已改装用于《公约》不加禁止的目的（74 个被认证为已销毁；23 个被认证为已改装）。

遗弃化学武器

1.15　在《公约》生效之日至 2020 年 12 月 31 日期间，有 3 个缔约国报告了其领土上有遗弃化武。1 个缔约国（日本）报告了其在另 1 个缔约国（中国）的领土上的遗弃化武。2020 年，由于受到新冠肺炎疫情的影响，所有在中国的遗弃化武的销毁作业和相关活动（如挖掘和回收）暂停。

1.16　2020 年，技秘处继续以线上形式与中、日两国就遗弃化武进行互动。技秘处获悉，哈尔巴岭遗弃化武销毁设施的建设项目在 2020 年已按计划进行，并采取了与新冠肺炎疫情有关的健康和安全措施。

1.17　截至 2020 年 12 月 31 日，共向技秘处宣布了 83700 枚遗弃化武，其中 57701 枚已被销毁。

老化学武器

1.18　截至 2020 年 12 月 31 日，18 个缔约国宣布了 149300 多枚老化武，这些老化武或生产于 1925 年以前，或生产于 1925 年至 1946 年，其中约 75% 被报告为已销毁。2020 年，技秘处在以下缔约国中进行了 5 次老化武视察：比利时王国、法兰西共和国、德意志联邦共和国、意大利共和国和大不列颠及北爱尔兰联合王国。

对《公约》的《关于化学品的附件》的附表 1 的修改

1.19 在大会第二十四届会议上通过了对《关于化学品的附件》的附表 1 的修改，技秘处印发了一份题为"对《禁止化学武器公约》的《关于化学品的附件》中的附表 1 的修改生效后对缔约国关于第六条宣布义务和视察的指南"（S/1821/2019/Rev.1，2020 年 1 月 14 日）的说明。技秘处进一步印发了对该指南的增补（S/1821/2019/Rev.1/Add.1，2020 年 5 月 20 日），以便协助缔约国施行对《关于化学品的附件》中的附表 1 的修改。根据《公约》第十五条第 5 款（g）项，对《关于化学品的附件》的修改应自总干事告知修改之日后第 180 天起对所有缔约国生效。据此，该项修改的生效日期为 2020 年 6 月 7 日。

质疑性视察和指称使用调查

1.20 2020 年，没有收到有关《公约》规定的质疑性视察或指称使用调查的请求。技秘处把加强开展指称使用调查作为工作重点，就此议题开展了一期远程讲习班，有 60 余名学员参加了该讲习班。

阿拉伯叙利亚共和国科学研究中心

1.30 根据执理会第 EC-83/DEC.5 号决定第 11 段（2016 年 11 月 11 日），技秘处将"对叙利亚科学研究中心的巴尔扎赫设施每年进行 2 次视察，并对叙利亚科学研究中心的贾姆拉亚赫设施每年进行 2 次视察，且这些视察应附带取样和分析；进行视察时应充分和不受限制地查看上述设施内的所有建筑物以及这些建筑物中的全部房间；且进行视察的日期将由技秘处确定"。

1.31 2020 年 11 月 8 日至 13 日，技秘处分别对叙利亚科学研究中心的巴尔扎赫设施和贾姆拉亚赫设施进行了第七轮视察。在这一视察期间进行了取样。

工业核查

1.42 缔约国要提交关于《公约》的《关于化学品的附件》的 3 个

化学品附表所载的化学品的生产、进口、出口、加工和消耗情况的宣布，并提交有关《公约》不加禁止目的的生产特定有机化学品的其他化学生产设施的宣布。截至 2020 年 12 月 31 日宣布的各类设施见表 2。

表 2　截至 2020 年 12 月 31 日宣布的各类设施

设施类型	宣布的设施数	须接受视察的设施数[①]	申报了应宣布设施的缔约国数[②]	拥有须接受视察设施的缔约国数
附表 1	27	27	23	23
附表 2	492	212	35	23
附表 3	410	353	35	33
其他化学生产设施	4419	4262	81	80
总计	**5348**	**4854**	**81**[③]	**80**[④]

1.43　表 3 是技秘处于 2020 年进行了 82 次第六条视察，其中包括：对附表 1 设施进行的 7 次视察；对附表 2 厂区进行的 16 次视察；对附表 3 厂区进行的 4 次视察；对其他化学生产设施进行的 55 次视察。上述几类视察分别占可视察设施总数的 26%、8%、1% 和 1%。没有记录到任何不确定因素。11 次视察留下了需予以进一步关注的事项，并有 55 次视察建议在宣布中提供进一步的资料。此外，在视察期间，发现有 2 次视察是对不必视察的厂区进行的，原因是有关宣布出现了误差。

表 3　第六条视察

各年的第六条视察									
年份 / 年	2012	2013	2014	2015	2016	2017	2018	2019	2020
次数 / 次	219	229	241	241	241	241	241	241	82

1.44　关于在 2020 年接受视察的其他化学生产设施和附表 3 厂区，厂区的选取是根据"在混合型厂区进行核查的替代方法"（S/1202/2014，

---

① 因超过阈值而须接受通过现场视察而进行的核查。
② 包括预计活动年度宣布和过去活动年度宣布。
③ 81 个缔约国宣了拥有至少一个第六条设施。
④ 80 个缔约国宣布了拥有至少一个可视察的第六条设施。

2014 年 7 月 23 日）一文所述的方法进行的。如果附表 3 或其他化学生产设施混合型厂区已经在一项第六条视察制度下接受过视察，为了随机选取附表 3 或其他化学生产设施厂区供视察，该厂区将被视为此前已接受过视察。因此，从统计上来讲，该厂区被选中视察的概率应会降低。

1.45 2020 年，技秘处继续为节省资源而尽可能地增加进行连续视察的次数。虽然 2020 年视察和连续视察的总数大大减少，但连续视察所占百分比与 2019 年保持一致，约为 25%。随着跨国家连续视察的持续开展，在 20 次连续视察中，有 3 次是在两个不同的国家内进行的，详见表 4。

表 4 连续视察

各年的连续视察								
年份 / 年	2012	2013	2014	2015	2016	2017	2018	2019	2020
次数 / 次	48	57	51	59	54	58	58	60	20

1.46 2020 年，技秘处继续跨司 / 局小组开展工作，对视察做法、视察报告表格、视察工具和视察培训进行一次全面的审查，查明进一步优化的选项。此项工作的结果将通过工业磋商向缔约国报告。

1.47 2020 年，在 1 次第六条视察期间进行了取样和分析活动。在 2020 年剩余的时间内，第六条视察期间的取样和分析活动被暂停，以减轻国家主管部门和厂区现场人员的负担，并保持视察组的规模尽可能小。表 5 列出了各年度的附带取样和分析次数。

表 5 在工业厂区进行的取样和分析

各年完成的附带取样和分析的视察								
年份 / 年	2012	2013	2014	2015	2016	2017	2018	2019	2020
次数 / 次	9	8	9	11	11	10	9	6	1

宣布

1.48 2020 年，在 85 个提交了过去活动年度宣布的缔约国中，有 57 个（67%）缔约国是按照《公约》规定的期限提交的。在报告年内，在拥有应宣布的其他化学生产设施的缔约国中，81.3% 在其过去活动年度宣布中全面更新了其他化学生产设施的清单，从而使应宣布的其他化学生产设施的更新率达到 98.61%。通过提供其他化学生产设施清单的全面年度更新资料，相关缔约国为核查机制的运行提供了极大的便利。

1.49　2020 年，为帮助尚未提交《公约》第三条和第六条规定的初始宣布的缔约国也做出了进一步的努力。

附表化学品的转让

1.50　20 个缔约国在其 2019 年过去活动年度宣布中宣布了 50 起附表 1 化学品转让。在这些转让中，47 起由发送缔约国和接收缔约国均做了通知和宣布；2 起由发送缔约国和接收缔约国均做了通知，但只有 1 个缔约国做了宣布；1 起仅由一个缔约国做了通知和宣布。

1.51　2019 年过去活动年度宣布显示：63 个缔约国参与了大约 11653 吨的附表 2 化学品的转让，123 个缔约国参与了大约 528186 吨的附表 3 化学品的转让。

1.52　7 个缔约国宣布向 2 个非缔约国出口了 5 种附表 3 化学品。

转让数据差异

1.53　2020 年，2019 年过去活动年度宣布显示共有 1603 起缔约国之间的附表 2 和附表 3 化学品的转让。其中，宣布的 817 起转让的数量超过了宣布阈值，这其中又有涉及 92 个缔约国的 581 起转让出现了彼此的数据存在差异的现象。

1.54　技秘处针对所涉缔约国进行了后续联系，并继续与其他国际组织进行了密切合作，以协助缔约国减少和解决出现的这些转让数据存在差异的问题。

与世界海关组织的合作

1.55　在与世界海关组织进行合作的框架内，技秘处启动了协调制度项目，借以帮助各国海关根据《商品说明和编码的协调制度国际公约》而识别出其贸易量最大的附表化学品。该项目为贸易量最大的附表化学品分别分配了一个独特的国际 6 位数协调制度代码，以识别在全球范围内交易的附表化学品，并最终确保提供完整和准确的贸易宣布，这对解决转让数据差异是至关重要的。

1.56 协调制度项目的第二阶段（正在进行中）的重点是在 2022 年的下一版《协调制度》的名词体系中，对附加的 13 种贸易量最大的附表化学品指定独特的协调制度代码。尽管受到新冠肺炎疫情的影响，禁化武组织在 2020 年继续与世界海关组织秘书处密切合作，以顺利完成该项目的第二阶段。

对禁化武组织的附表化学品识别工具的更新

1.57 2020 年，技秘处发布了在线附表化学品数据库的更新版本，其中包括 8 种特定的附表 1 化学品，这些化学品反映了对《关于化学品的附件》采取的更改。

电子宣布和资料安全交换系统

1.58 2020 年，技秘处继续开发了电子宣布系统，即新的电子宣布平台。2020 年 2 月向缔约国发布了电子宣布平台的首个正式版本。首发之后，已进行了更多的开发，例如，纳入新的附表 1 化学品和性能改进。通过在宣布的编制和提交过程方面改善可用性并增加新功能，电子宣布系统将进一步强化核查制度。

1.59 2020 年，技秘处继续开展在推广资料安全交换系统方面的工作，该系统从 2014 年开始一直提供给缔约国使用（S/1192/2014，2014 年 7 月 1 日）。新的资料安全交换系统网络门户已于 2020 年 5 月部署使用，提高了系统的用户友好性和安全性。至报告完成时，60 个缔约国的 116 个用户已注册使用该系统。

1.60 2020 年，技秘处提供了电子宣布平台培训，作为第六条相关培训活动的一部分。此外，技秘处还为请求缔约国提供了有关电子宣布平台和资料安全交换系统的线上培训和咨询。

控暴剂

1.64 至报告完成时，138 个缔约国宣布拥有控暴剂（主要是催泪瓦斯），52 个缔约国宣布其不拥有此种化学剂。1 个缔约国尚未提交初始宣布，另外 2 个缔约国尚未在其初始宣布中提供有关控暴剂的资料。因此，技秘处在 2020 年再次寄出了这方面的核对函。本报告的附件 4 载有更多关于拥有控暴剂情况的资料。

非正式磋商

1.65　2020 年，进行了 3 轮关于第六条核查和视察的非正式磋商（例如，工业系列磋商）。由于受到新冠肺炎疫情的影响，会议以线上形式举行。缔约国就一些与核查相关的事宜进行了磋商，其中包括：

（a）2019 年的工业核查总结；

（b）2019 年选择其他化学生产设施厂区所用方法的使用绩效；

（c）附表 2 视察；

（d）《关于化学品的附件》的附表 1 的修改生效后，供缔约国使用的关于第六条宣布的义务和视察的指南；

（e）加强第六条的履行；

（f）恢复第六条视察的准备；

（g）恢复第六条视察。

禁化武组织效能水平测试和指定实验室

1.66　禁化武组织每年都为有意加入禁化武组织分析实验室网络的机构举办效能水平测试。在报告期内，完成了第 46 次、举行了第 47 次并开始了第 48 次禁化武组织环境分析正式效能水平测试。此外，举行了第 5 次生物医学样品分析效能测试。至报告完成时，已有来自 18 个成员国的 21 个实验室被指定可进行环境分析；13 个成员国的 18 个实验室被指定可进行生物医学样品分析。本报告的附件 5 介绍了截至 2020 年 12 月 31 日每个指定实验室的状况。

将禁化武组织实验室和设备仓库升级为一个化学和技术中心的项目

1.68　2020 年，建设化学和技术中心（以下简称化技中心）项目取得了重大的进展。草图设计、初步设计、最终设计和技术设计已于

2020 年完成。建造许可的申请已于 2020 年 10 月提交给项目的许可当局派纳克—诺特多普市政厅，并于 2020 年 12 月获得了可撤销的建造许可。2020 年 8 月完成了主承建公司招标预选阶段的工作，甄选阶段于 2020 年 10 月开始。安保招标的预选阶段已于 2020 年 11 月完成。在报告期内，已向该项目认捐或提供了约 420 万欧元。截至 2020 年年底，已从 46 个国家、欧洲联盟和其他捐助方筹集了总计 3340 万欧元的资金。

1.69 下列编号提供了有关项目进度的定期更新：S/1859/2020（2020 年 3 月 9 日）、S/1881/2020（2020 年 6 月 30 日）和 S/1912/2020（2020 年 11 月 16 日）标题均为"将禁化武组织实验室和设备仓库升级为一个化学和技术中心的项目的进展情况"。多次向缔约国提供了简报，包括在 2020 年 4 月预先录制了一份，借以介绍初步设计。技秘处继续进行该项目相关的其他交流和外联活动，其中包括更新禁化武组织网站上的化技中心网页；制作捐赠方纪念墙和化技中心实体模型并在禁化武组织总部展示；制作 3D 虚拟现实参观视频和有关化技中心最终设计的小册子并在化技中心的网页上共享。

禁化武组织中央分析数据库

1.70 禁化武组织中央分析数据库按每种技术收录的化学品种类数，数据显示为每年年初的状况（见表 6）。在现场分析中仅使用气相色谱（保留指数）和质谱数据。

表 6 禁化武组织中央分析数据库按每种技术收录的化学品种类数

年份 / 年	2014	2015	2016	2017	2018	2019	2020
红外	726	734	734	745	756	775	775
气相色谱（保留指数）	3740	3866	3878	4089	4439	4482	4543
核磁共振	不适用	298	298	298	298	299	300
质谱	3898	4003	4022	4225	4566	4602	4647
串联质谱（MS/MS）	不适用	不适用	不适用	不适用	不适用	不适用	38

视察局提供的培训

1.71 2020 年，能力建设和应急规划分队协调完成了 1227 个培训日。培训方案包含 31 门单项培训课程，并提供了 47 个门单项培训课程。2020 年的培训课程有 50% 是在线完成的，其余的则在以下国家进行：比利时王国、意大利共和国、荷兰王国和大不列颠及北爱尔兰联合王国。美利坚合众国协助完成了线上危险废物作业和紧急应对的培训课程。能力建设和应急规划分队继续开办了视察员必修的进修课，使视察员们能始终跟上技术和核查政策的发展步伐。同时，还开办了关于防护设备的使用和关于禁化武组织保密制度的进修课，为晋升为视察组组长的视察员开办了一门履新培训课程。

1.72 为新一组视察员（S 组）开办了为期 14 周的必修初始培训方案。尽管受到新冠肺炎疫情的影响，该培训方案于 8 月开始，于 2020 年 11 月结束，其中推迟了有毒化学品模拟视察培训和在职培训部分，直到可以进行为止。新的化学武器弹药专业人员接受了侦察和存储培训、老化武和遗弃化武培训以及军械场地识别培训。

2. 国际合作和援助

2.1 2020 年，尽管受到新冠肺炎疫情影响，技秘处继续通过各类能力建设方案和外联活动来提供技术援助，以支持缔约国为有效履行《公约》条款而付出的努力。

2.2 在报告期内，禁化武组织举办了 48 个培训课程、讲习班、研讨会，提出其他能力建设方案，例如，对会议、单个研究项目、研究金及设备交换的支助，涉及来自各区域组的 1550 名学员。

2.3 在这些活动中，有 39 次活动以线上形式开展，使缔约国和其他利益攸关方的专家能够继续他们之间的互动。为此，技秘处致力于不断增强其在线学习的工具和方法，希望从长远角度增强其能力建设资助的总体有效性和高效性，以补充传统的面对面学习模式。

2.4 2020年，技秘处继续通过禁化武组织加强与非洲在《禁止化学武器公约》方面的合作方案（以下简称非洲方案），开展针对性的努力，以解决非洲缔约国的特定需求和优先事项。2020年1月1日，在众多利益攸关方的合作和协调下，技秘处启动了该方案的第五阶段（从2020年至2022年）。尽管受到新冠肺炎疫情的影响，技秘处仍在继续落实活动以实现第五阶段设定的8项目标。根据该方案，技秘处在2020年总共组织了22项能力建设活动。这些活动涉及来自36个非洲缔约国的398名学员。

国家履约和技术援助

2.5 2020年，技秘处继续为缔约国努力实现全面和有效的对《公约》的国家履约提供了能力建设支持。对国家主管部门和利益攸关方的支持包括：建设其履行《公约》规定的国家义务的机制性能力。总计有来自114个缔约国的579名与会人员参加了13项与《公约》的国家履约有关的能力建设和技术援助活动。

2.6 截至2020年12月31日，在193个缔约国中，有158个已通过覆盖所有或部分规定的初步措施的国家履约立法。与2019年相比略有下降，这是由于缔约国向技秘处报告了经修订的立法评估。共有119个缔约国已报告通过涵盖所有规定的初步措施的全面立法，而39个国家报告通过涵盖部分规定的初步措施的履约立法。其余的35个缔约国尚未报告履约立法的通过情况。在技秘处的年度报告中载有关于《公约》第七条履行状况的详细资料①。

2.8 2020年1月30日至31日，在海牙禁化武组织总部为国家主管部门举办了关于辅导/伙伴关系方案的吸取经验教训的讲习班。这期

---

① 2020年关于《公约》第七条履行状况的年度报告 EC-95/DG.8 C-25/DG.6（2020年9月4日）和 Corr.1（2020年10月2日）；EC-95/DG.9 C-25/DG.7（2020年9月4日）和 Corr.1（2020年10月2日）；和 EC-95/DG.10 C-25/DG.8（2020年9月4日）和 Corr.1（2020年10月2日）。

讲习班旨在审查和评估该方案的影响、分享最佳做法，并讨论提高其总体效果的措施。之前参加过该方案的 16 个缔约国参加了这项活动。

2.9　2020 年 6 月 15 日至 24 日，为东南亚的缔约国举办了《公约》第六条规定的关于宣布和视察义务的在线培训课程。来自 7 个缔约国的14 名学员完成了该培训课程。9 名学员来自缔约国的国家主管部门，3名学员来自代表化学工业界，2 名学员来自其他政府部门。

2.10　2020 年，为国家主管部门和相关利益攸关方的人员在线举办了 2 期关于《公约》的一般性培训课程。第一期一般性培训课程于 2020年 6 月 29 日至 7 月 1 日为拉丁美洲和加勒比海区域的国家主管部门和利益攸关方的西班牙语系代表举办，来自 16 个缔约国的 32 名学员参加了该课程。第二期一般性培训课程于 2020 年 9 月 7 日至 9 日为法语系国家主管部门代表举办，来自非洲和西欧及其他区域的 12 个缔约国的 22 名学员参加了课程。一般性培训课程旨在加强学员的基本知识和技能，以支助有效的国家履约。

2.11　2020 年 7 月和 8 月，在线举办了 4 次缔约国国家主管部门的区域会议。这些线上会议为与会者提供了机会，借以与各自地区的其他国家主管部门互动以解决国家履约方面的具体问题，并促进缔约国之间建立网络关系和开展合作。会议面向亚洲、非洲、东欧和拉丁美洲及加勒比地区的国家主管部门。

2.12　2020 年 8 月 25 日至 9 月 18 日，与海关组织合作在线举办了关于执行《公约》的附表化学品转让制度的培训课程，来自所有区域组的 38 个成员国的 130 名海关官员参加了培训。学员增强了对《公约》相关条款的了解，学习了关于识别有毒化学品的工具，并讨论了处理可疑化学货物的方法。

2.13　2020 年举办了 2 次国家立法审查论坛活动。2020 年 10 月 27日，技秘处与亚美尼亚国家主管部门的代表举办了试点论坛。2020 年12 月 11 日，与来自柬埔寨国家主管部门的 7 名代表共同举办了第 2 次论坛。在与技秘处进行现场会议之前，学员完成了在线预备培训课程。通过这些论坛，技秘处与缔约国代表一起审查其与《公约》有关的国家立法框架的范围、确定潜在的差距并讨论履约的立法和监管方法。

2.14　2020 年 11 月 13 日至 20 日，技秘处举办了有关化学安全的立法和监管问题的在线培训课程。该课程旨在增强亚洲缔约国分析各自国家的法律和法规框架的能力，包括找出差距和解决问题的潜在手段，并制定适当的化学安全措施。学员完成了特定的培训模块，获得了有关化学安全性的各自国家法律框架的信息，并参加了互动式在线会议。此外，学员还了解了有关化学安全的现有国际法律框架，以及有关化学安全的全面国家立法和监管框架的范围。来自 19 个缔约国的 49 名学员，以及相关国际组织、科学实验室与行业和贸易协会的技术专家参加了培训。

2.15　2020 年 11 月 17 日至 18 日，在线召开了由化学工业界和缔约国国家主管部门举办的第七次年度会议。来自所有区域组的 37 个缔约国的 65 名代表参加了该年度会议，其中包括 16 名化学工业界代表。化学协会国际理事会（化协理事会）的代表出席了会议，国际化学贸易协会（化贸协会）的代表首次参加了会议。代表们讨论了新冠肺炎疫情对国家利益攸关方之间的合作方式，以及化学安全、安保和化工生产、储存及运输等产生的影响。

2.16　2020 年 11 月 23 日至 25 日，在线召开了第 21 届国家主管部门年会。与会人员超过 175 名，其来自 95 个缔约国。与会者听取了关于禁化武组织履约支助活动现状的情况介绍，并审议了其需求和优先事项，同时讨论了 2021 年能力建设活动的计划。国家主管部门有机会分享、讨论和学习了 5 个禁化武组织区域的经验、良好做法和策略，还听取了关于《公约》第六条、第七条、第十条和第十一条最新发展的情况介绍，并获得了与政策相关的最新情况。

援助和防护

2.17　2020 年，76 个缔约国根据《公约》第十条第 4 款提交了针对使用化学武器的国家防护方案的年度资料。

2.19 技秘处根据《公约》第十条开展的能力建设活动的核心组成部分是基于 3 个组成部分的培训周期，其中包括基本、高级和演练课程。2020 年，培训周期由于受到新冠肺炎疫情的影响而中断，转而以在线模式替代，借以进行其核心理论组成部分的培训，并促进利益攸关方之间的知识和经验交流。2020 年，技秘处举办了 15 项能力建设活动，其中 12 项是在线完成的。

2.20 在 2020 年年初，在新冠肺炎疫情造成严重影响之前，技秘处完成了 3 项已计划的第十条活动：在厄瓜多尔为来自拉丁美洲及加勒比海地区的缔约国的应急管理人员举行了一次关于化学紧急应对的区域桌面演练；在卡塔尔，医疗急救人员在一期关于化学伤员进医院前的医疗护理的国际课程中，接受了关于化学袭击受害者的护理培训；根据卢旺达政府的请求，技秘处在下一期课程中为国家利益攸关方提供了支助：面向卢旺达机场、边境和警察人员开展了关于针对化学武器的援助和防护的基本培训。2016 年以来，在技秘处东非共同体方案框架下经过培训过的专家，作为教员为这一培训课程提供了支助。

2.23 技秘处召开了亚洲地区培训中心在线会议，借以讨论针对亚洲缔约国的援助和防护培训以及其他第十条问题。这次参与会议的培训机构分享了在新冠肺炎疫情期间继续进行培训的最佳做法，从而制定了亚洲在线培训计划，并确定了可以提供培训支持的培训中心。

经济和技术发展

2.33 2020 年，技秘处继续完成能力建设方案，并继续为国际合作提供便利，以促进化学的和平利用。该方案侧重于以下方面：化学品综合管理、增强实验室能力和推广并交流化学知识。新冠肺炎疫情对第十一条的所有 3 个主题领域的履行都产生了影响。为了适应缔约国的需要，并尽可能地减少这种情况对第十一条方案的执行的影响，通过在线模式提供了各种活动。

2.34　在本报告期内，技秘处为 510 名专家开展了 20 项关于化学品综合管理的能力建设方案（含化学安保管理）、增强实验室能力（分析技能培养课程）及化学知识推广。此外，技秘处继续执行 4 项长期方案，即研究金方案、研究项目支助方案、会议支助方案和设备交流方案。2020 年，技秘处还举办了关于第十一条履行的讲习班。

2.36　第 21 期禁化武组织研修方案原本计划于 2020 年 7 月 24 日举办，于 2020 年 9 月 25 日结束。因正处新冠肺炎疫情期间，研修方案被调整并重新安排至 2021 年。2020 年 9 月 21 日至 10 月 2 日，从面询中选出的 26 名学员参加了 2020 年研修方案规定的必修和有证书的封闭式在线培训。在通过这种在线参与而获得的知识和保持的动力的基础上，这些学员将参加 2021 年的完整研修方案。此外，备用名单上的另外 14 名候选人也受邀自愿参加在线培训。在本报告完成时，由来自禁化武组织 121 个成员国的 545 名校友组成的活跃群体形成了研修方案的校友网络。

2.38　技秘处于 2020 年 7 月 1 日举办了"和平利用化学在线论坛：新冠肺炎疫情之后禁化武组织能力建设方案的新规范"。该论坛的总体目标是打造一个平台，以便为缔约国分享与能力建设有关的经验教训和最佳做法，并确定今后在和平利用化学领域进行国际合作的方式和潜在领域。来自 16 个缔约国的 29 名专家出席了论坛，分别代表政府机构、化学工业、学术界和实验室。化协理事会和化贸协会的代表也参加了会议并分享了他们的经验。

禁化武组织非洲方案

2.51　2020 年，处理非洲区与《公约》有关的特定需求的问题仍然是技秘处的一个重要优先项。在各种合作伙伴的支助下，技秘处与非洲缔约国协调于 1 月 1 日启动了非洲方案的第五阶段（从 2020 年至 2022年）。自 2020 年年初以来，尽管在亲临现场方面受到新冠肺炎疫情的影响，但包括在线能力建设活动在内的各种项目还是正常执行，稳步推进了该方案框架下设定的 8 项目标。

3. 决策机构

缔约国大会的活动

3.1　因为新冠肺炎疫情造成的操作限制，所以对大会的工作进行了调整。第 25 次缔约国大会分为两个部分：第一部分于 2020 年 11 月 30 日至 2020 年 12 月 1 日举行；第二部分计划于 2021 年 4 月底举行。第一部分会议有来自 164 个缔约国、1 个签约国和 13 个国际组织、专门机构和其他国际机构的代表参加。还有 73 个非政府组织和代表全球化学工业和科学界的 3 个机构也注册与会。大不列颠及北爱尔兰联合王国国防大臣安纳贝尔·戈尔德男爵夫人以高级发言人的身份向大会提交了视频致辞。

3.2　2020 年 12 月 1 日，缔约国在化学战受害者纪念日举行了纪念活动。

3.3　在第 25 次缔约国大会第一部分中，审查了禁化武组织 2021 年的行政和财务事项，包括向外部审计员提交 2020 年度的财务报表，并决定将对《公约》其余方面的履行现状的审议推迟至会议的第二部分，包括化学裁军、与销毁相关的事项、国家履约措施、防护和援助、国际合作以及与防范化学武器再次出现有关的各项活动。

3.4　第 25 次缔约国大会第一部分通过的决定包含以下事项①：

（a）禁化武组织《财务条例》（C-I/DEC.3/Rev.3，2020 年 11 月 30 日）；

（b）2021 年会费分摊比额表（C-25/DEC.4，2020 年 11 月 30 日）；

（c）向外部审计员提交 2020 年禁化武组织财务报表（C-25/DEC.5，2020 年 11 月 30 日）；

（d）对禁化武组织《财务条例与细则》的修订（C-25/DEC.6，2020 年 11 月 30 日）；

---

① 其他（非机密性）决定可在禁化武组织的公共网站上查阅。

（e）禁化武组织 2021 年方案和预算（C-25/DEC.7，2020 年 12 月 1日）。

执行理事会的活动

3.5 2020 年，执理会审议了技秘处关于《公约》履行现状的若干份报告，其内容包括：核查活动以及第六条、第七条、第十条和第十一条的履行情况。

3.6 执理会还做了以下几项工作：

（a）审查了化学武器的销毁进度并通过了有关化学武器销毁的若干决定；

（b）审查了宣布评估组的工作；

（c）审议了一份事实调查组活动进展的总结（S/1798/2019，2019 年10 月 3 日）和事实调查组的两份报告（S/1901/2020 和 S/1902/2020，日期均为 2020 年 10 月 1 日）；

（d）审查了大会 C-SS-4/DEC.3 号决定的执行进展情况并收到了调鉴组第一份报告；

（e）核准了若干项禁化武组织与缔约国之间的设施协定以及对设施协定的修改或修订；

（f）审议了在非洲方案框架下完成的工作；

（g）审议了内部监察办公室（监察办）的 2019 年度报告；

（h）通过了关于行政和财务事项的有关决定；

（i）将其关于若干事项的建议提交第 25 次缔约国大会。

附属机构的活动

3.7 解决保密争端委员会（以下简称保密委员会）于 2020 年 11 月3 日至 4 日举行了第二十二届会议。

3.8 行政和财务问题咨询机构于 2020 年 6 月 2 日至 5 日举行了第四十八届会议，并于 2020 年 7 月 28 日至 31 日举行了第四十九届会议。

3.9 科学咨询委员会于 2020 年 9 月 1 日至 2 日举行了第二十九届

会议，并于 2020 年 11 月 10 日至 12 日举行了第三十届会议。

3.10　教育和外联咨询委员会于 2020 年 12 月 11 日举行了第九届会议。

4. 对外关系

普遍性

4.1　2020 年，禁化武组织的成员国数量仍然为 193 个。以色列国已签署但尚未批准《公约》；朝鲜民主主义人民共和国、阿拉伯埃及共和国和南苏丹共和国既未签署也未加入《公约》。

4.2　在《公约》普遍性行动计划的框架内，技秘处在 2020 年全年继续接触剩余的非缔约国。尽管新冠肺炎疫情给技秘处的普遍性活动带来了挑战，但如往年那样，技秘处邀请非缔约国和签署国的代表以线上或现场的方式（只要条件允许）参加选定的禁化武组织的相关活动，其中包括第 25 次缔约国大会的第一部分。

4.3　以色列国的 6 名代表在线参加了第 25 次缔约国大会第一部分。技秘处 2020 年全年与以色列国驻荷兰使馆保持了定期接触。2020 年 8 月 5 日，以色列国大使在禁化武组织总部与总干事会晤，并承诺提供一笔捐款来支助禁化武组织化学与技术中心。

与外界的互动和外联活动

4.6　在遵守对新冠肺炎疫情的防控要求下，总干事和副总干事继续在禁化武组织总部会见缔约国的高级别官员。此外，总干事进行了一次正式出访。

4.7　技秘处还继续开展活动以加强与联合国的伙伴关系，并加强与其他国际组织的联系，目的是推动对禁化武组织有现实意义的裁军和不扩散议题。

前来禁化武组织总部的高层访问

4.8　2020 年，总干事在禁化武组织总部接待了一些高层人士的来访，其中包括：菲律宾外交事务部副部长恩里克·A·马纳洛先生阁下；卢森堡外交和欧洲事务部秘书长西尔维·卢卡斯女士阁下；比利时外交部多边事务与全球化总司长兼政治主任阿克塞尔·肯尼斯阁下；美利坚合众国的新兴威胁和外联事务国防政策副助理国务卿托马斯·迪南诺先生；比利时国防和外交大臣菲利普·高芬阁下；罗马尼亚外交部长博格丹·奥雷斯库先生阁下；斯洛文尼亚外交部长安热·洛加尔博士阁下。

4.9　为了增进与东道国的关系，总干事于 10 月 2 日会见了荷兰王国外交部国际组织大使西蒙·史密斯先生阁下。11 月 27 日，总干事会见了海牙市长扬·范·扎嫩先生。

总干事的出访和以线上方式做的情况介绍

4.10　2020 年 9 月，总干事对西班牙马德里进行了正式访问。访问期间，他谒见了费利佩六世国王陛下，并随后拜访了西班牙外交事务、欧洲联盟与合作部部长阿兰查·冈萨雷斯·拉雅女士阁下。

4.11　在调鉴组的第一份报告发布后，总干事于 2020 年 5 月 12 日以线上方式向联合国安全理事会做了情况介绍。12 月 11 日，就本组织在阿拉伯叙利亚共和国境内的活动，总干事再次向联合国安全理事会以线上方式做了情况介绍。11 月 13 日，总干事在欧洲联盟不扩散与裁军会议上进行了主题演讲，该会议由欧盟不扩散与裁军联盟主办。在第 25 次缔约国大会之前，作为技秘处工作的一部分，总干事于 11 月 18 日向工作地不在海牙的常驻代表以线上方式做了情况介绍，使非海牙常驻代表了解本组织的各项动态。

禁化武组织—海牙奖

4.13　由于受到新冠肺炎疫情的影响，未在 2020 年颁发禁化武组织—海牙奖。

公共事务和媒体知名度（略）

第 25 次缔约国大会

4.20　代表 73 个民间团体组织的 227 人获准参加第 25 次缔约国大会。但由于受到新冠肺炎疫情的影响，获准与会的非政府组织学员无法亲临现场参加第一部分的会议，而是应邀提交了书面或视频发言。这些发言可在禁化武组织的网站查阅。

5. 执行管理和行政

行政和预算问题

5.1　2021 年方案和预算（C-25/DEC.7）的编制旨在确保禁化武组织在当前面临的挑战（其中包括零名义增长带来的限制）。一次性拨款包括建立新冠肺炎疫情变数影响基金及拨给重大资本筹资机制的额外资金，其中包含：重大资本投资基金；禁化武组织设备仓库专项资金；禁化武组织指定实验室和实验室设备专项基金。为了编制 2021 年方案和预算，行政司继续进一步开发了模板和成本核算表，以供零基预算和标准费用核算使用，并改进目标、战略、活动和资源之间的关联。

5.8　在新冠肺炎疫情的背景下，人力资源处于 2020 年为员工做了非常重要的工作。技秘处制定并提供了一系列紧急处理措施，以帮助员工适应在家工作的需求，包括员工的福利和互动参与。学习和发展活动已转为远程提供。在报告期内，还做了一些准备工作，以便将一些关键的组织流程转移到新的记录企业资源规划（企规）解决方案系统中。

5.9　2020 年，技秘处继续致力于为招聘职位寻找最合适的人选，并将本组织定位为有吸引力的工作场所。这包括改善空缺通知的样式，并开发了网络研讨会（webinar），借以帮助申请人提高申请质量。为了满足紧急的人员需求，技秘处与联合国系统的实体积极达成了借用协议，且目前已达成 2 项相关协议，并在 2020 年继续探讨第 3 项协议。这种模式为短期人员填补重要缺口提供了宝贵的资源，与此同时，定期职位正在招聘中。

5.10　2020 年，技秘处继续升级其新员工入职方法，包括使用手机应用程序。还继续做了落实经改进的绩效管理方法的工作，其中着重于员工和管理人员之间的持续反馈，并从关键利益攸关方那里获得反馈。还举办了培训，其目的是培养现任和未来的业务主管的教练技巧。

5.13 在总干事作为国际性别平等倡导者这一承诺的基础上，技秘处在 2020 年进行了对性别与多样性的审查。该审查旨在核实以下方面：技秘处内在性别平等、多样性和包容性方面的制度化水平；分析政策；做法和方案；在考虑人员组成的同时，也要吸收员工的经验和高级管理层的意见。在提供有关多样性和包容性的培训方面做了大量投入。

5.14 信息服务处在 2020 年的工作计划和重点主要在于为新冠肺炎疫情引起的不断变化的业务运作要求提供支助。向远程工作的转变需要对本组织的信息技术基础架构进行紧急更改。除了满足关键的业务连续性需求之外，技秘处在 2020 年向现代系统格局迈出了重要一步。此外，已开发了记录企规解决方案系统，并计划于 2021 年予以推出。

战略和政策（略）

教育和外联

5.34 2020 年 9 月 25 日，总干事在教联咨委会内组建了一个关于电子学习的临时工作组。该工作组由危地马拉的罗卡·埃尔南德斯·里扎尔迪尼教授担任主席，并由包括主席在内的 10 名专家组成。工作组于 2020 年 11 月 10 日至 12 日举行了第一次线上会议，并已开始审查技秘处当前的电子学习资源。

6. 科学和技术

禁化武组织科学咨询委员会

6.1 由于受新冠肺炎疫情的影响，2020 年面临着许多挑战，但科学咨询委员会（以下简称科咨委）仍然能够履行其职责而向总干事、技秘处和缔约国提供科学建议。

6.2 2020 年 9 月，科咨委召开了第二十九届会议（SAB-29/1，2020 年 9 月 2 日），并利用会议吸纳了 7 位新委员和科咨委的新秘书。

此外，科咨委继续确定优先议题，并为下一次科学审查流程制定了路线图。该届会议上还就下列方面进行了情况介绍：最终报告、建议和关于调查科学和技术的临时工作组。总干事对该届会议报告的回应于 2020 年 10 月发布（EC-95/DG.26，2020 年 10 月 2 日）。

6.4　在科咨委第三十届会议上，总干事宣布其赞同科咨委的建议，即组建一个新的生物毒素分析临时工作组。科咨委开始了以下方面的工作：汇编一份可以为临时工作组做出贡献的世界专家名单；为临时工作组制定职权范围。

附件 2

2020 年间运行或在建的化学武器销毁设施

	化学武器销毁设施（按缔约国列出）
美利坚合众国	布鲁格拉斯化学剂销毁中试车间静态引爆室（布鲁格拉斯设施静爆室）
	普埃布洛化学剂销毁中试车间（普埃布洛设施）
	回收的化学武器销毁设施（回收化武销毁设施）
	布鲁格拉斯化学剂销毁中试车间（布鲁格拉斯设施）*
	化学转装设施 / 弹药评估和处理系统（化学转装设施 / 弹药评处系统）*
	原型引爆测试和销毁设施*

注：* 该设施在 2020 年仍在使用，没有开展销毁作业。

附件 3

截至 2020 年 12 月 31 日已宣布、销毁和撤回的化学武器[①]

化学品的通用名	宣布量 / 吨	销毁量[②] / 吨
第 1 类		
沙林（GB）	15047.041	14769.102
梭曼（GD）＋黏性梭曼	9057.203	9057.203
塔崩（GA）＋GA 及消泡（UCON）	2.283	2.283
VX/Vx	19586.722	19471.323
EA1699	0.002	0.002
硫芥气（硫芥气、H、HD、HT、油溶硫芥气）	17439.877	16642.684
芥路混合剂（包括二氯乙烷中的 HD/L 混合剂）	344.679	344.679
路易氏剂	6746.876	6746.875
DF	1024.765	1024.765
QL	46.174	46.173
OPA	730.545	730.545
不明	3.859	3.817
有毒废物	1.705	1.705
六亚甲基四胺	78.231	78.231
IZO	133.325	133.325
化学品 A	112.300	112.300
化学品 B/BB	97.879	97.879
化学品 B 的盐	40.170	40.170
第 1 类合计：	**70493.636**	**69303.060**[③]

① 作为第 1 和第 2 类化学武器宣布的化学战剂和前体。
② 包括从化学武器库存中提取出的附表 1 化学品（2.913 吨）。应用了凑整规则。
③ 经核算实际数据为 69303.061 吨。

续表

化学品的通用名	宣布量/吨	销毁量/吨
第 2 类		
亚当氏剂	0.350	0.350
CN	0.989	0.989
CNS	0.010	0.010
氯乙醇	323.150	323.150
硫二甘醇	50.960	50.960
光气	10.616	10.616
异丙醇	114.103	114.103
三氯化磷	154.056	154.056
频哪基醇	19.257	19.257
亚硫酰氯	100.834	100.834
硫化钠	246.625	246.625
氟化钠	304.725	304.725
三丁胺	238.655	238.655
二异丙胺乙醇	8.356	8.356
甲基膦酸二甲酯	5.725	5.725
氟化氢	31.850	31.850
氯化氢	44.500	44.500
甲醇	1.480	1.480
异丙胺	36.120	36.120
丁醇	3.792	3.792
五硫化磷	11.250	11.250
磷酰氯	13.500	13.500
三乙醇胺	34.000	34.000
亚磷酸三甲酯	55.800	55.800
第 2 类合计：	**1810.703**	**1810.703**
总计：	**72304.339**	**71113.763**[①]

① 经核算实际数据为 71113.764 吨。

附件 4

截至 2020 年 12 月 31 日宣布了控暴剂的缔约国数
（按控暴剂的种类分列）[①]

控暴剂名称	已宣布其拥有控暴剂的缔约国数
CS	121
CN	65
OC	24
辣椒素类物质	13
CR	14
其他类型	11

已宣布其拥有控暴剂的缔约国总数：138。

[①] 图中列出的控暴剂的化学文摘社登记号如下：
CS：化学文摘社登记号 2698-41-1；
CN：化学文摘社登记号 532-27-4；
OC：化学文摘社登记号 8023-77-6；
PAVA：化学文摘社登记号 2444-46-4；
CR：化学文摘社登记号 257-07-8；
其他类型包括更老款控暴剂或表格中提及的化学品混合物。

附件 5

截至 2020 年 12 月 31 日禁化武组织的指定实验室一览表
（环境分析）

	缔约国	实验室名称	获指定日期
1	比利时	比利时国防实验室 *	2004 年 5 月 12 日
2	中国	防化研究院分析化学实验室	1998 年 11 月 17 日
3	中国	军事医学科学院毒物药物研究所毒物分析实验室	2007 年 9 月 14 日
4	芬兰	芬兰《禁止化学武器公约》核查研究所	1998 年 11 月 17 日
5	法国	军备总署核生化辐控制化学分析室 *	1999 年 6 月 29 日
6	德国	防护技术和核生化防护军事研究所	1999 年 6 月 29 日
7	印度	防务研究和发展机构 VERTOX 实验室	2006 年 4 月 18 日
8	伊朗伊斯兰共和国	防化研究实验室	2011 年 8 月 3 日
9	荷兰	TNO 防务、安保和安全实验室	1998 年 11 月 17 日
10	巴基斯坦	国防科技组织分析实验室	2018 年 4 月 18 日
11	大韩民国	防务发展署生化部化学分析实验室	2011 年 8 月 3 日
12	罗马尼亚	CBRN 国防和生态科学研究中心化学分析与特殊合成实验室 *	2018 年 4 月 15 日
13	俄罗斯联邦	军事研究中心化学和分析控制实验室 *	2000 年 8 月 4 日
14	俄罗斯联邦	"有机化学和技术国立科学研究所"联邦国立单一企业中央化学武器销毁分析实验室 *	2015 年 4 月 15 日
15	新加坡	DSO 国立实验中心国防医学和环境研究所核查实验室	2003 年 4 月 14 日
16	西班牙	"La Marañosa" 技术研究所化学武器核查实验室 *	2004 年 8 月 16 日
17	瑞典	FOI 生化辐核防卫安全部	1998 年 11 月 17 日
18	瑞士	瑞士核生化防务所施皮茨实验室	1998 年 11 月 17 日
19	大不列颠及北爱尔兰联合王国	波顿达恩国防科技实验室	1999 年 6 月 29 日
20	美利坚合众国	埃奇伍德化学生物中心—取证分析中心	1998 年 11 月 17 日
21	美利坚合众国	劳伦斯·利弗莫尔国立实验室	2003 年 4 月 14 日

* 至本报告完成时，鉴于该实验室在最近一次禁化武组织效能水平测试中的成绩，其资格仍被暂停。将不考虑让该实验室接受采集到的样品以进行现场外分析，直至其在今后的禁化武组织效能水平测试中得到令人满意的成绩。

截至 2020 年 12 月 31 日禁化武组织的指定实验室一览表
（生物医学分析）

	缔约国	实验室名称	获指定日期
1	澳大利亚	防务科技集团	2016 年 8 月 1 日
2	中国	防化研究院分析化学实验室	2016 年 8 月 1 日
3	中国	军事医学科学院毒物药物研究所毒物分析实验室	2016 年 8 月 1 日
4	芬兰	芬兰《禁止化学武器公约》核查研究所	2016 年 8 月 1 日
5	法国	军备总署核生化辐控制化学分析室	2016 年 8 月 1 日
6	德国	药物学和毒理学研究所	2016 年 8 月 1 日
7	印度	防务研究和发展机构 VERTOX 实验室	2016 年 8 月 1 日
8	荷兰	TNO 防务、安保和安全实验室	2016 年 8 月 1 日
9	大韩民国	大韩民国化生放核指挥所化生放核研究中心	2020 年 12 月 2 日
10	俄罗斯联邦	军事研究中心化学和分析控制实验室	2016 年 8 月 1 日
11	俄罗斯联邦	卫生、职业病理学和人类生态学研究所化学分析控制和生物试验实验室	2016 年 8 月 1 日
12	新加坡	DSO 国立实验中心国防医学和环境研究所核查实验室	2016 年 8 月 1 日
13	瑞典	FOI 生化辐核防卫安全部	2016 年 8 月 1 日
14	大不列颠及北爱尔兰联合王国	波顿达恩国防科技实验室	2016 年 8 月 1 日
15	美利坚合众国	疾病控制和预防中心	2017 年 7 月 11 日
16	美利坚合众国	埃奇伍德化学生物中心—取证分析中心	2016 年 8 月 1 日
17	美利坚合众国	劳伦斯·利弗莫尔国立实验室	2016 年 8 月 1 日
18	美利坚合众国	美国陆军化学防护医学研究所	2019 年 8 月 19 日

后　记

　　中国履行《禁止化学武器公约》年度报告是反映我国履约立场和成就的重要载体，也是交流各地禁化武履约工作经验的主要平台，具有重要的参考意义和史料价值。

　　报告编制组完成了《中国履行〈禁止化学武器公约〉报告（2020）》编写工作。在编写过程中，我们在继续坚持客观、简洁、实用原则的基础上，对编辑体例做了调整，将协会篇和履约支撑篇合并为支撑篇，以方便读者全面了解支撑队伍。为了提高地方篇、企业篇、支撑篇的文章质量，首次将供稿人明确标注在每个篇章结尾。

　　报告的编制得到了多方面的关心和支持。工业和信息化部、外交部和中央军委军合办有关领导给予了大力支持和具体指导。国家禁化武办、外交部军控司、中央军委军合办军控和履约事务办公室、各省级工业和信息化主管部门和相关社会组织、高校、履约企业及中国电子产品可靠性与环境试验研究所参与了本报告的写作、编辑，提出了意见、建议。此外，还有很多单位和个人为此报告的编写提供了无私帮助，在此一并表示感谢！

　　由于编写时间仓促，书中难免有疏漏之处，敬请读者批评指正。

编者

图书在版编目（CIP）数据

中国履行《禁止化学武器公约》报告. 2020 / 国家
履行《禁止化学武器公约》工作办公室编. -- 北京 : 人
民邮电出版社, 2023.4
ISBN 978-7-115-61376-9

Ⅰ. ①中… Ⅱ. ①国… Ⅲ. ①禁止化学武器－国际公
约－大事记－中国－2020 Ⅳ. ①D995

中国国家版本馆CIP数据核字(2023)第045743号

内 容 提 要

本报告力求全面反映 2020 年度中国履行《禁止化学武器公约》的工作情况，客观展示中国
的履约成就，记录履约大事件，收录履约重要文献资料，为各级履约主管部门和履约企业学习、
交流、研究履约经验和做法搭建平台，为社会公众了解、关注履约工作提供新的窗口，从而更好
地树立中国负责任大国良好的履约形象，进一步激发全国履约工作人员做好履约工作的责任感和
使命感。本书适合履行《禁止化学武器公约》相关从业者、监控化品企业相关人士阅读。

◆ 编　　　　国家履行《禁止化学武器公约》工作办公室
　　责任编辑　李成蹊
　　责任印制　马振武
◆ 人民邮电出版社出版发行　　北京市丰台区成寿寺路 11 号
　　邮编　100164　　电子邮件　315@ptpress.com.cn
　　网址　https://www.ptpress.com.cn
　　三河市中晟雅豪印务有限公司印刷
◆ 开本：690×970　1/16
　　印张：15.25　　　　　　　　2023 年 4 月第 1 版
　　字数：204 千字　　　　　　2023 年 4 月河北第 1 次印刷

定价：108.00 元
读者服务热线：(010)81055493　印装质量热线：(010)81055316
反盗版热线：(010)81055315
广告经营许可证：京东市监广登字 20170147 号